35
分県登山ガイド

徳島県の山

徳島県勤労者山岳連盟 著

山と溪谷社

分県登山ガイド――35

徳島県の山

目次

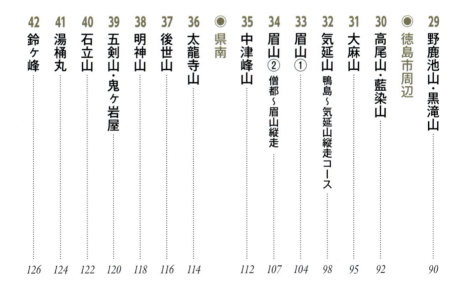

●本文地図主要凡例●

紹介するメインコース。

本文か脚注で紹介しているサブコース。一部、地図内でのみ紹介するコースもあります。

Start Goal Start Goal 225m 出発点／終着点／出発点および終着点の標高数値

管理人在中の山小屋もしくは宿泊施設

紹介するコースのコースタイムのポイントとなる山頂。

○ コースタイムのポイント。

管理人不在の山小屋もしくは避難小屋

南あわじ市
津田東IC
さぬき市
東かがわ市
鳴門海峡
兵庫県
白鳥大内IC
引田IC
高徳線
11
鳴門北IC
377
鳴門IC
なると
31 大麻山
藍染山 30
高尾山 30
318
鳴門市
板野町
板野IC
城王山
道の駅「どなり」
いけのたに
たの
日開谷川
藍住IC
金清温泉
土成IC
上野町
吉野川
脇町IC
阿波市
徳島IC
石井町
かもじま
いしい
さこ
とくしま
あわかわしま
吉野川市
192
32 気延山
33 34 眉山
徳島線
あわやまかわ
鴨の湯
徳島津田IC
ふいごう温泉
こうつの里
鮎喰川
弁天山
9 高越山
神山温泉
小松島市
55
193
焼山寺山
穴吹川
神山町
道の駅「温泉の里神山」
道の駅「公方の郷 なかがわ」
10 東宮山
中津峰山 35
つるぎの湯大桜
勝浦川
那賀川
正善山
勝浦町
阿南市
あなん
438
国民宿舎 津乃峰荘
14 高城山
13 雲早山
18 山犬嶽
あわたちばな
17 高丸山
月ヶ谷温泉
15 樫戸丸
太龍寺山 36
道の駅「わじき」
16 天神丸
19 西三子山
上勝町
牟岐線
道の駅「鷲の里」
四季美谷温泉
那賀町
桑野川
蒲生田岬
青ノ塔 20
坂州木頭川
船瀬温泉
あわふくい
37 後世山
38 明神山
もみじ川温泉
道の駅「もみじ川温泉」
那賀川
55
ひわさ
美波町
39 鬼ヶ岩屋
五剣山 39
193
道の駅「日和佐」
鬼ヶ岩屋温泉
41 湯桶丸
海部川
むぎ
牟岐町
牟岐大島
海陽町
あわかいなん
鈴ヶ峰 42
宍喰温泉
道の駅「宍喰温泉」
みとこ荘

徳島県の山 全図

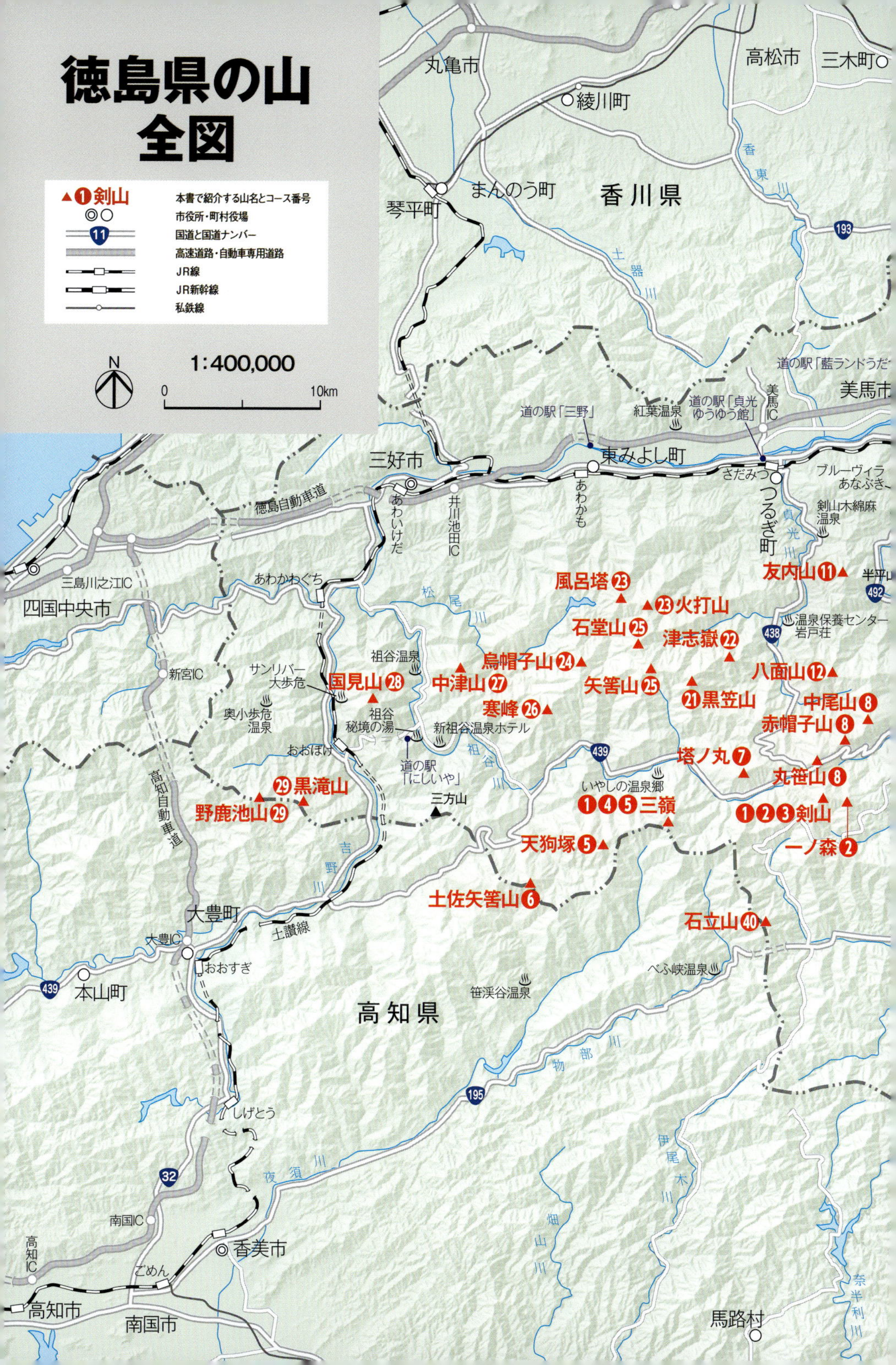

▲❶剣山 本書で紹介する山名とコース番号
◎○ 市役所・町村役場
11 国道と国道ナンバー
高速道路・自動車専用道路
JR線
JR新幹線
私鉄線
N
1:400,000
0
10km
丸亀市
綾川町
高松市
三木町
香川県
まんのう町
琴平町
香東川
土器川
193
道の駅「藍ランドうだつ」
美馬市
道の駅「三野」
紅葉温泉
道の駅「貞光ゆうゆう館」
美馬IC
東みよし町
三好市
徳島自動車道
あわいけだ
井川池田IC
あわかも
さだみつ
つるぎ町
ブルーヴィラあなぶき
剣山木綿麻温泉
貞光川
半平山
492
三島川之江IC
四国中央市
あわかわぐち
松尾川
風呂塔㉓
㉓火打山
友内山⑪
温泉保養センター岩戸荘
438
石堂山㉕
津志嶽㉒
新宮IC
サンリバー大歩危
祖谷温泉
烏帽子山㉔
八面山⑫
国見山㉘
中津山㉗
矢筈山㉕
㉑黒笠山
中尾山⑧
奥小歩危温泉
祖谷秘境の湯
寒峰㉖
新祖谷温泉ホテル
赤帽子山⑧
おおぼけ
道の駅「にしいや」
祖谷川
439
塔ノ丸⑦
いやしの温泉郷
丸笹山⑧
高知自動車道
㉙黒滝山
野鹿池山㉙
三方山
❶❹❺三嶺
❶❷❸剣山
天狗塚❺
一ノ森❷
吉野川
土佐矢筈山❻
石立山㊵
大豊町
土讃線
大豊IC
おおすぎ
439
本山町
べふ峡温泉
笹渓谷温泉
高知県
物部川
195
しげとう
伊尾木川
32
夜須川
南国IC
畑山川
香美市
高知IC
ごめん
奈半利川
高知市
南国市
馬路村

概説 徳島県の山

早田健治

「徳島県」は日本のどのあたりにあるのだろう……もしかすると、その位置を知らない人がいるのでは、と少し不安になる。さすがに「四国」を知らない人はいないと思うが、徳島県はその東南部に位置している。県最東端の蒲生田《かもだ》岬は四国の最東端となる。海は、太平洋、紀伊《きい》水道、瀬戸内海に接する。淡路《あわじ》島を介して京阪神と結ぶ本四架橋の神戸淡路鳴門《なると》ルートには、大阪や神戸から頻繁に高速バスが走り、県都・徳島と大阪中心部の時間距離は約2時間30分と意外に近い。

豊臣秀吉の忠臣として知られる蜂須賀小六を祖とする阿波《あわ》藩は、氾濫する吉野《よしの》川の肥沃土に「藍」を奨励し、全国随一の藍の産地として経済力を誇っていた。その中心地である。徳島市は、明治の市制施行時には全国第9位の人口を擁していたという。また、徳島県は、森林面積の割に国有林の比率がきわめて低いことが知られている。これは廃藩置県の直前に、藩内の有力商人へ藩有林の払い下げを行ったことによる。特に那賀《なか》川流域で数1000ヘクタールの所有規模をもつ大きな林業経営体の所有林が多数あり、杉や桧の人工林が広がっている。このことは昭和40年代初頭までの林業黄金時代に多大な富を地域にもたらし、徳島県の経済発展に少なからぬ影響を与えたと思われる。このような経済基盤は全国的にも有名な「阿波踊り」を筆頭に、阿波人形浄瑠璃や各地に広がる農村舞台、1200年の時を経て今なお維持され続けている四国八十八箇所の遍路道などの文化とも深く関わっている。

一方、「祖谷《いや》のかずら橋」で知られる県西部は、山の中腹に農地や、集落が広がる独特の景観で知られている。これは県西部に限らず、剣山《つるぎさん》より北の県内の山間部や、高知県、愛媛県の山間部でも見られる。豊富な降水量のため、深く掘れこんだ急峻な谷沿いを避け、傾斜が緩く、日当たりのよい中腹部を生活の場として選択した結果だろう。こうした地では現在も連綿と耕作が行われており、その技術と景観は2017年に「世界農業遺産」として登録されている。

このように、徳島県の山は古くから生活・経済活動の場として利用されており、それがまたこの山域の特徴ともなっている。近年ではこれらの集落を結ぶ道路の整備が進められ、一部の地域を除き、そのほとんどに行きわたっている。また、峠を越えて集落を結ぶ峰越林道、尾根沿いを走る稜線林道の建設も進められており、マイカーさえあれば山々へのアプローチはかなりよい。

森林は、その6割が杉や桧の人工林、3割が広葉樹の二次林となっており、自然林の比率はかなり低い。それでも剣山、三嶺《みうね》を中心とする脊梁山地周辺には、豊かな

ブナの新緑の下を登る（雲早山）

剣山・三嶺縦走路から望む三嶺とカヤハゲ。四国の標高1800メートル以上の稜線はシコクザサ（ミヤコザサ）が卓越する

森林が残っている。

しかし、今大きな問題が徳島の山を襲っている。それは「シカの食害」だ。以前はびっしりとスズタケに覆われていた山々の稜線は、今はほうきで掃いたようにすっきりして歩きやすい。剣山ではウラジロモミ、コメツガ、ダケカンバが次々と枯死している。シカ害対策には、登山、林業、狩猟など、何よりも人が山に入ることが大切と考えている。多くの登山者に徳島県の山を楽しんでいただけることを願っている。

●山域の特徴

本書では徳島県の山を交通アクセスや山の個性から7つの区域に分けてみた。

●剣山と周辺

剣山を中心として、丸笹山《まるざさやま》、赤帽子山《あかぼうしやま》、一ノ森《いちのもり》など周辺の山々と、剣山以西、三嶺、土佐矢筈山《とさやはずやま》までの四国山脈主稜線上の山々がこのグループに入る。これらの山々は1600メートル以上の標高をもち、シコクザサに覆われた四国山脈独特の優美な山容を誇っている。展望もよく、登ってよし、眺めてよしの徳島県を代表する山々である。

●高越山と周辺

徳島県の山は東西に走る3本の構造線により、山の個性を大きく変える。このグループでは、御荷鉾《みかぶ》構造線の北側、三波川《さんば》帯に属す

徳島の夏は1800メートルでも暑い（矢筈山）

る山のうち、貞光川《さだみつ》より東にある東宮山《とうぐうさん》、高越山《こうつざん》、友内山《ともおつさん》、八面山《やつらさん》などがこのグループに入る。これらの山は地質構造の影響で、標高は低いが断崖が多く、個性的な山容を誇る山が多い。また比較的人口の多い地域に立地するため、信仰の対象になった山も少なくない。

●雲早山と周辺

剣山より東の四国山脈主稜は、西方の山と異なり、岩が露出した、荒々しい山容をもつ山が多い。森林が発達し、林床植生もスズタケに覆われた山が多かったが、近年はシカの食害で衰退が著しい。このグループには雲早山《くもそうやま》、高丸山《たかまるやま》、西三子山《にしみねやま》、青ノ塔《あおとう》などの山々が入る。これらの山々は谷から急勾配で立ち上がり、登頂に体力を要するものが多いが、林道の整備により手軽に登れる山もある。

人工林と広葉樹が織りなす秋の風景(湯桶丸)

●黒笠山と周辺

このグループには、三波川帯に属する山のうち、貞光川以西の黒《くろ》笠山《かさやま》、矢筈山《やはずやま》、寒峰《かんぽう》などが入る。「祖谷山系」ともよばれ、標高が高く、県内でも剣山主稜に続く人気を誇る山々である。個性的な山容の山が多く、これらの山々を結ぶ縦走も楽しい。

剣山のキレンゲショウマ(8月)

●県西

祖谷山系グループとの分類が難しいが、吉野《よしの》川に近い国見山《くにみやま》、中《なか》津山《つさん》、野鹿池山《のかのいけやま》、黒滝山《くろたきやま》をこのグループに分類した。これらの山々の周辺は、祖谷渓、大歩危《おおぼけ》峡をはじめとして渓谷が発達しており、山頂と谷の標高差が大きい。四国の中央部に位置し、四国の主要な山々を展望することができる。

●徳島市周辺

よく登られている徳島市周辺の里山や低山がこのグループに入る。標高は低いが、文化や歴史を感じさせる山も多い。夏期にはやや暑いが、その他のシーズンは手軽に山々を満喫することができる。

●県南

県南の那賀《なか》・海部《かいふ》地域には膨大な数の山があるが、多くはかつてはスズタケが密生した人跡まれな山々だった。しかしシカの食害により、下層植生がなくなり、大きく姿を変えつつある。このグループには石立山《いしだてやま》、湯桶丸《ゆとうまる》をはじめ、海に近く、美しい海岸線の展望が得られる明神山《みょうじんさん》、鈴《すず》ヶ峰《みね》、五剣山《ごけんざん》など、地元の人々に日常的に親しまれている山がある。

●山々の四季

春　冬の間、葉を落としていた木々が芽吹くのは3月から4月。ただし、剣山周辺では4月上旬まで雪が残ることもある。さらに新緑が美しくなる5月になると、シャクナゲ、ツツジなどが開花し、明るい春の花の季節になる。

夏　7～8月、剣山や三嶺などの

剣山大剣谷のＦ１を登る

冬の徳島の山は白銀の世界（塔ノ丸）

高山は最高の登山シーズンを迎える。山体を覆うササの緑はいよいよ濃く、7月上旬の三嶺のコメツツジにはじまり、8月には剣山のキレンゲショウマが開花する。しかし標高1000㍍前後以下の低い山々は、できればこの時期の登山は避けた方がよい。その代わりに沢登りに挑戦するのも楽しい。

秋　高山が紅葉しはじめるのは10月上旬。それから11月下旬まで約2ヶ月をかけて、紅葉は高山から麓まで下りてくる。いずれの標高においても登山には最高のシーズンである。

冬　剣山周辺および県西部の山々では相当な降雪を見ることがある。年によっては積雪が2㍍近くになることもあり、気温もかなり低い。南国とあなどらず、充分な装備と技術、体力が必要だ。県南では軽快な日溜まりハイクが楽しめる。

●山行の注意点

すばらしい山の多い徳島県だが、一部を除き、登山道や指導標の整備は遅れており、読図力が必要だ。近年の県内の遭難死亡事故のほとんどは道迷いから発生している。携帯電話も一部を除き通じないことが多く、できれば単独行は避けていただきたい。

本書の使い方

■日程　県都・徳島市を起点に、アクセスを含めて、初級クラスの登山者を想定した日程としています。

■歩行時間　登山の初心者が無理なく歩ける時間を想定しています。ただし休憩時間は含みません。

■歩行距離　2万5000分ノ1地形図から算出したおおよその距離を紹介しています。

■累積標高差　2万5000分ノ1地形図から算出したおおよその数値を紹介しています。は登りの総和、は下りの総和です。

■技術度　5段階で技術度・危険度を示しています。は登山の初心者向きのコースで、比較的安全に歩けるコース。は中級以上の登山経験が必要で、一部に岩場やすべりやすい場所があるものの、滑落や落石、転落の危険度は低いコース。は読図力があり、岩場を登る基本技術を身につけた中～上級者向きで、ハシゴやクサリ場など困難な岩場の通過があり、転落や滑落、落石の危険度があるコース。は登山に充分な経験があり、岩場や雪渓を安定して通過できる能力がある熟達者向き、危険度の高いクサリ場や道の不明瞭なやぶがあるコース。は登山全般に高い技術と経験が必要で、岩場や急な雪渓など、緊張を強いられる危険箇所が長く続き、滑落や転落の危険が極めて高いコースを示します。徳島県の山の場合はが最高ランクになります。

■体力度　登山の消費エネルギー量を数値化することによって安全登山を提起する鹿屋体育大学・山本正嘉教授の研究成果をもとにランク付けしています。ランクは、①歩行時間、②歩行距離、③登りの累積標高差、④下りの累積標高差に一定の数値をかけ、その総和を求める「コース定数」に基づいて、10段階で示しています。が1、が2となります。通常、日帰りコースは「コース定数」が40以内で、～（1～3ランク）。激しい急坂や危険度の高いハシゴ場やクサリ場などがあるコースは、これに～（1～2ランク）をプラスしています。また、山中泊するコースの場合は、「コース定数」が40以上となり、泊数に応じて～もしくはそれ以上がプラスされます。徳島県の山の場合はが最高ランクになります。

紹介した「コース定数」は登山に必要なエネルギー量や水分補給量を算出することができるので、疲労の防止や熱中症予防に役立てることもできます。体力の消耗を防ぐには、下記の計算式で算出したエネルギー消費量（脱水量）の70～80㌫程度を補給するとよいでしょう。なお、夏など、暑い時期には脱水量はもう少し大きくなります。

	時間の要素		距離の要素		重さの要素
行動中のエネルギー消費量（kcal） ＝	1.8×行動時間（h）	＋	0.3×歩行距離（km）＋10.0×上りの累積標高差（km）＋0.6×下りの累積標高差（km）	×	体重（kg）＋ザック重量（kg）
	山側の情報 —「コース定数」				登山者側の情報

＊kcalをmlに読み替えるとおおよその脱水量がわかります

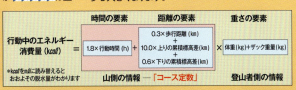

徳島県の山の花

写真＝佐賀康男

表記の花期はおおよその時期を示します。

チャボツメレンゲ 9月 塔ノ丸

シコクスミレ 4月 野鹿池山

イシダテクサタチバナ 6月 剣山

サギソウ 8月 黒沢湿原

コメツツジ 8月 三嶺

タムシバ 4月 高越山

ケスハマソウ 4月 雲辺寺山

オガタマノキ 3月 眉山

ギンラン 5月 眉山

ヤマシャクヤク 5月 雲早山

ヤマハコベ 5月 大滝山

イチリンソウ 5月 雲早山

コモノギク 8月 剣山

ヤッコソウ 11月 鈴ヶ峰

ツマトリソウ 6月 丸笹山

ミツバコンロンソウ
5月 野鹿池山

イシダテクサタチバナ
6月 剣山

ヤシャビシャク 5月 高城山

ニシキゴロモ
4月 阿波竜王山

オオヤマカタバミ 4月 雲早山

シコクバイカオウレン 5月 剣山

ズミ 5月 腕山

白色系の花

オオヤマレンゲ
6月 樫戸丸

チゴユリ 5月 阿波竜王山

モウセンゴケ 7月 黒沢湿原

シロヤシオ 5月下旬 高城山

ヒナノシャクジョウ
8月 鈴ヶ峰

タヌキノショクダイ
7月 小畠

ベニバナヤマシャクヤク 6月 天狗塚

サラサドウダン 7月 龍山

ジンリョウユリ
5月 当山

イワザクラ 4〜5月 旭ヶ丸（大川原高原）

コモウセンゴケ 5月 天円山

シコクカッコソウ 5月 高越山

赤色系の花

ショウキラン 6月 樫戸丸

トダイアカバナ
8月 一の森

マネキグサ 8月 樫戸丸

アケボノツツジ
4月下旬〜5月上旬 高丸山

イワギリソウ 7月 樫戸丸

モリアザミ 9月 塩塚高原

カタクリ 5月 砥石権現山

ニセツクシアザミ 9月 矢筈山

フガクスズムシソウ 7月 高城山

オンツツジ 5月 高越山

コガネネコノメソウ 5月 高越山

キレンゲショウマ 8月 剣山

黄色系の花

クサノオオバノギク
10月 塔ノ丸

トモエソウ 7月 風呂塔

トガスグリ 5月 矢筈山

ツルギカンギク
10月 剣山

トウゴクサバノオ
4月 大滝山

シコクフクジュソウ 3月 寒峰

ツチアケビ 7月 高越山

カヤラン 4月下旬～5月上旬
太龍寺山

紫・褐色系の花

タチカモメヅル
8月 黒沢湿原

セトウチホトトギス 10月 気延山

クルマバツクバネソウ
6月 剣山

アワコバイモ 4月 柴小屋山

ヤマクルババナ 9月 中尾山

トキソウ
5月 黒沢湿原

エビネ
5月
半平山

01

四国随一の展望と自然を誇る縦走コース

三嶺①・剣山①

剣山・三嶺縦走

つるぎさん 1955m
みうね（さんれい） 1893m

一泊二日

1日目 歩行時間＝3時間30分 歩行距離＝5・2km
2日目 歩行時間＝9時間35分 歩行距離＝16・6km

技術度
体力度

コース定数 ＝49

標高差 ＝1052m

累積標高差 ↗2525m ↘2028m

丸石のコル付近からの次郎笈

白山《はくさん》以西の西日本では、標高1800メートルを超える高山は、四国以外では、屋久島《やくしま》と紀伊《きい》山地の一部にしか存在しない。四国は褶曲山地であり、東西に連なる縦走に最適な山脈が随所に存在する。亜高山帯の森林と風衝草原が織りなす四国の山岳景観は、縦走によって最も輝くことになる。

しかし、かつて愛された縦走路のほとんどは、稜線林道や峰越林道で分断されてしまい、今残る四国唯一の道路や送電線が横切らない縦走路が、これから紹介する剣山・三嶺の縦走コースだ。このコースの特徴のひとつは、公営のりっぱな避難小屋が整備されており、テントなしでも安心して縦走できることだろう。特に水の心配のない冬期の縦走は熟達者の世界だが、すばらしいものがある。起点は「剣山」、「三嶺」のいずれにしてもよいが、ここでは水場の配置を念頭に三嶺ヒュッテで1泊し、剣山へ抜ける行程を紹介する。

マイカーまたは、四国交通バスと、三好《みよし》市営バスを乗り継いで出発地の東祖谷名頃《ひがしいやなごろ》に到達する。マ

■鉄道・バス
往路＝JR土讃線阿波池田駅から四国交通バスと三好市営バスを乗り継いで、登山口の名頃バス停下車。バスは通年で運行している。
復路＝見ノ越（剣山）から久保やJR徳島線貞光駅へ、4～11月の間バスが運行される。期間外はタクシー利用となる。予約は必須。

■マイカー
徳島市から神山町経由で国道438号または徳島自動車道美馬ICから、つるぎ町経由で見ノ越にいたり、国道439号を名頃に下るか、徳島自動車道井川池田ICから国道32号大歩危を経て、県道45号（旧祖谷渓有料道路）に入り、県道32号、国道439号経由で名頃へ。マイカーの場合、帰りのために、見ノ越に交通手段を配置する必要がある。

■登山適期
4月下旬から登山の適期に入り、春、夏、秋と多くのハイカーでにぎわう。11月には樹々に霧氷がつきはじめ冬山の姿に。冬期は冬山装備が必要。

■アドバイス
▽行程が長く、三嶺での体調によっては往路を名頃に下山した方がよい。
▽エスケープルートとしては、丸石分岐から奥祖谷かずら橋へ下山できる。名頃までは約5キロの距離で、1時間程度で歩ける。
▽シカの食害でコースのほとんどの

1日目は三嶺ヒュッテに泊まる

カヤハゲから秀麗な山容の三嶺を見る

イカーの場合は見《み》ノ越《こし》にもう1台の車を配車しておくと帰りの車の回収が楽になる。最近は自転車を利用する登山者も増えている。

第1日　**名頃登山口**の駐車場でトイレなどをすませたら、さっそく三嶺に向けて登りにかかる。三嶺までのルートは、**04**三嶺②（28ページ）を参照してほしい。違うのは樹林帯を抜けたところにある水場で、必ず水を補給することくらいだろうか。昔は問題なく飲めた水だが、最近はシカの糞の影響と思われる大腸菌が検出されることがあり、必ず煮沸して利用してほしい。

水を確保したら、ひと登りで快適な避難小屋の**三嶺ヒュッテ**に着く。明日もう一度踏むことになるが、**三嶺**の山頂を訪れ、夕暮れの絶景を楽しむのもよいだろう。

第2日　20キロを超える長丁場のため、できるだけ早立ちしたい。**三嶺**の頂上からは、まず南にやせ尾根を下る。一部は鎖場もあるので、慎重に下ろう。標高差で200メートルばかり下ると尾根もやや広くなり、いくつかこぶを越えていくと、1

植生がダメージを受けており、登山道周辺でも一部崩壊や土砂流出が見られる。四国のシカ被害を認識し、対策に協力してほしい。

▽コース内に、三嶺ヒュッテ、白髪避難小屋、丸石避難小屋があり、いずれも清潔で、快適な夜をすごせる。緊急時には充分に利用できる。

▽コース内の水場は、山頂直下名頃登山道西側の谷と、白髪避難小屋から、南の別府林道に下る登山道沿いの2箇所。伊勢の岩屋の水はほとんど期待できない。

▽逆コースの場合は、剣山頂上ヒュッテで宿泊し、早立ちするとよい。下山時の交通手段も、阿波池田方面へはバスが通年運行されている。

▽西祖谷には、ホテル秘境の湯や新祖谷温泉ホテルなどがある。

■**問合せ先**

三好市東祖谷支所☎0883・88・2211（市営バスも）、つるぎ町役場商工観光課☎0883・62・3114（登山バスも）、美馬市木屋平総合支所☎0883・68・2111、剣山頂上ヒュッテ☎080・2997・8482、四国交通株式会社☎0883・72・2171、貞光タクシー☎0883・62・3166、祖谷渓タクシー☎0883・87・2017

■**2万5000分ノ1地形図**

京上・剣山・久保沼井・北川

次郎笈からゴールの剣山へ向かう

７２０メートル峰の**カヤハゲ**に着く。西に堂床《どうとこ》に下る下山路が分かれ、振り返ると三嶺の勇姿が望める。カヤハゲの南の稜線は、かつては美しいシコクザサの原だったが、いまはシカの食害で見る影もない。ボランティアの力で、食害防止ネットが張られ、その中のみササ回復の兆しが見られる。人間の力を大きく超える自然の動きに、今後どう対処していったらいいのだろうか……。

最低コルを越えると次のピークは、**白髪《しらが》ノ別れ**。ここで右に稜線をたどれば白髪山《しらがやま》のピークを踏むことができるが、今日は先を急ごう。東に広い尾根を下ると、**白髪避難小屋**に出合う。ここもりっぱな山小屋だ。行程によっては三嶺に泊らず、初日にここまで足をのばしてもよい。水は南に別府《べふ》白髪林道方面に下ると得られる。

白髪避難小屋からは、しばらく樹林もほとんどなくなり、ササ原の道が続き、３６０度の大展望が展開する。かつてはこのあたり、深いスズタケに苦しめられることもあったが、今ではうそのように快適に歩みがすすむ。

１７３８メートル峰の**石立《いしだて》分岐**では、南に石立山《いしだてやま》へ続く徳島高知の県境尾根が分かれる。こちらもかつてのスズタケ地獄が、シカの食害で、歩きやすい展望の尾根に変わっている。

石立分岐から下ったコルからは、かつては縦走路唯一の水場である、伊勢《いせ》の岩屋を経由する道があったが、最近は水も涸れ、今は稜線を通る**高ノ瀬《こうせ》**経由のルートが主流になっている。また高ノ瀬の北西面はオオヤマレンゲの群落でも知られている。

これからしばらくは、縦走路の中でも最も標高が低い区間となる。周囲も樹林が目立ちはじめるが、ウラジロモミの多くはシカによる剥皮被害を受けており、今後の経過が心配である。

やがて奥祖谷二重かずら橋に下る道が分かれる**丸石《まるいし》分岐**をすぎ、**丸石避難小屋**に到る。白髪分岐小屋と同じつくりのしっかりした小屋で、非常時には頼りになる。

はるか行く手の剣山と次郎笈（石立分岐付近から）

ササ原の美しい**丸石**山頂から鞍部に下ると、真下に見える剣山スーパー林道への下山路が分かれる。剣山まではあと一歩。しかし、これから失った標高を取り戻す地道な登りが待っている。次のピークである次郎笈《じろうぎゅう》までは、標高差350㍍の登りだ。しかし、勾配はさほどきつくなく、一歩一歩確実に登っていくとよい。頂上直下では、左に山腹を行く道もあるので、体調によっては次郎笈頂上をパスすることもできる。

がんばって登った**次郎笈**頂上からは、目指す剣山が間近に迫る。いよいよ最後の行程だ。最低コルまで下り、あとはひたすら剣山山頂を目指す。登り着いた**剣山**頂上は「平家《へいけ》ノ馬場《ばば》」とよばれる広い剣山頂稜の南の端。振り返ると三嶺が遠く端正な姿を見せ、今日歩いてきた道のりのはるかさが実感できる。平家ノ馬場を横切る木道を進めば、古い歴史をもつ**剣山頂上ヒュッテ**がある。冬期以外は営業しているので、休息ができる。

下山は、刀掛《かたなかけ》ルートか、大剣神《おおつるぎ》社ルートを下る。**西島**《にしじま》からは、疲れていればリフトも使える。下り着いた**見ノ越**で縦走山行は終わる。あらかじめデポしておいたた車または自転車で名頃に下るか、夏休み期間なら、季節運行のバスが、貞光《さだみつ》、穴吹《あなぶき》、阿波池田《あわいけだ》の各駅までアクセスしている。

（早田健治）

CHECK POINT

名頃から三嶺へブナ林の登り

カヤハゲからの西熊、天狗塚

平和丸付近から縦走路を振り返る

高ノ瀬付近の稜線を行く

樹林帯の中を行く丸石付近の縦走路

剣山山頂。三角点は木道に囲まれている

見ノ越へ
奥祖谷二重かずら橋
名頃登山口
県営無料
駐車場
名頃ダム
祖谷川
徳島県
三好市
四ツ小屋谷
唐谷川
ウゴイ谷川
丸石谷川
1251
1322
1305
1240
高ノ瀬
1741
丸石避難小屋
丸石分岐
奥祖谷二重かずら橋への
道が分かれる
丸石、剣山へ
1604
石立分岐
1738
那賀町
1139
1241
1594
ササ枯れ
藤八谷
1672
1442
1109
1:25,000

菅生登山口、いやしの温泉郷へ
久保、阿波池田駅へ
439
903
名頃バス停
Start
1351
1285
1569
川
谷
尾
平
谷コースは
通行止め
0.50
0.35
林道出合
1255
樹林抜ける
ダケカンバ
ダケモミの丘
1.10
0.50
1.00
0.45
天狗塚へ
三嶺ヒュッテ
（三嶺避難小屋）
三嶺
1893
0.15
0.10
水
1544
1517
尾根コース
1-1
一般車
通行不可
急登。クサリ
三嶺林道
堂床へ
大岩
林道終点登山口
0.50
1.10
迷いやすい
1470
カヤハゲ
（東熊山）
1-2
1472
堂床へ
韮生越
0.50
急坂
急坂
0.15
0.10
1692
1-3
1700
平和丸
1.00
白髪ノ別れ
白髪避難小屋
水
高知県
香美市
ふるさと林道
1522
白髪山へ
国道195号へ
別府峡へ

JR穴吹駅から川上、見ノ越への
美馬市営バスは廃止された
川上バス停、穴吹駅へ
富士の池入口バス停
垢離取橋
猿渕滝
徳島県
美馬市
1097m
Start Goal
龍光寺鉄門
龍光寺
剣神社
1324
1288
1587
1417
1444
樹林に囲まれ静か
ブナ林
追分
刀掛ルート
キレンゲショウマ
群生地
刀掛ノ松
古剣神社
両剣神社
カツラ大木
通行止め
剣山本宮
宝蔵石神社
雲海荘
頂上ヒュッテ
コメツガ
肉渕峠分岐
肉渕峠へ
鞍部
経塚森
二ノ森
殉難碑と
案内板あり
一ノ森ヒュッテ
テント場
ナナカマド
1880
一ノ森
ゴヨウマツ、
白骨樹
剣山
あわエコトイレ
1612
1776
1551
1825
槍戸山
1702
徳島県
那賀町
次郎笈谷
ホラ貝ノ滝
剣山スーパー林道
おおぼら橋へ
剣山スーパー林道へ
富士ノ池谷

貞光駅へ
つるぎ町
丸笹山
1712
1586
ラ・フォーレ
つるぎ山
夫婦池
1549
1490
438
1440
民宿
円福寺
剣神社
Goal
1400m見ノ越
大塚製薬
つるぎ山荘
439
見ノ越駅
トンネル
分岐
0.50
ブナ林
登山リフト
1194
1193
通行禁止
所要15分
(冬期運休)
西島神社
西島キャンプ
かずら橋、久保へ
1504
大剱神社ルート
深谷川
0.25
0.15
御塔
大剣神
徳島県
三好市
平家ノ馬場
1563
二度見展望所
車谷川
分岐
1791
吊り尾根
ジロウギュウ峠
水
1.00
スーパー林道分岐
1767
合流点
1.20
0.50
1930
次郎笈
N
0
500m
1:25,000
丸石
1-5
1684
剣山スーパー林道
0.05
高ノ瀬、三嶺へ
丸石分岐
避難小屋
丸石
0.30
0.20
奥槍戸山ノ家へ

02

一ノ森・剣山②

緑のササ原に針葉樹と白骨樹の山岳風景が広がる

いちのもり　1880m
つるぎさん　1955m

日帰り

歩行時間＝5時間50分
歩行距離＝9.2km

技術度
体力度

コース定数＝25

標高差＝858m

累積標高差　↗1116m　↘1116m

剣山から見た一ノ森とササ原の縦走路（左）

一ノ森山頂でブロッケン現象を見る。うしろの山は次郎笈（左）と剣山（右）。その間に三嶺が遠望される

一ノ森は「日本百名山」の剣山に近く、形は明確な突起状ではないので、剣山の陰でやや目立たぬ存在になりがちだが、頂上周辺のササ原と針葉樹、白骨樹の織りなす風景は独特の魅力をもっている。登路は現在では見ノ越《みのこし》から剣山を経るルートが一般的だが、ここでは昔の剣山信仰の表参道として利用されていた垢離取《こりとり》コース途中の龍光寺《りゅうこうじ》から出発し、一ノ森を経て剣山にいたるコースを紹介しよう。

垢離取橋から徒歩または車で**龍光寺**の鉄門にいたる。鉄門の横から境内に入り、舗装道路を登りきると、寺裏の擁壁の左端が登山口だ。土砂がザレ状になった取り付きを慎重にすぎて、剣山本宮劔神社前を通る。植林の中をしばらく行き、迂回してきた車道を横切り、さらに植林中を登ると剣山の行場、お花畑への分岐となる**追分**《おいわけ》だ。周囲はブナの大木などの自然林に囲まれて静寂さが漂い、休憩するのにちょうどよい。

さらに尾根筋を登っていくと、ササが現れる。続いて針葉樹の林を抜けると、傾斜が緩やかになり、ササ原の向こうに樹林に囲まれた青い三角屋根の一ノ森ヒュッテが現れる。その前庭を通り、ひと登りすると**一ノ森**頂上に着く。頂上標識のうしろに台形の剣山と端正

■鉄道・バス
往路・復路＝JR徳島線穴吹駅から川上行きの美馬市営バスに乗り、川上で下車。観光シーズンには川上で見ノ越行きのバスに乗り換えて富士の池入口バス停で下車。シーズンでない場合は川上から富士の池入口バス停まで歩き、同バス停からすぐそばの垢離取橋を渡って林道に入り、龍光寺まで往年の剣山参詣道を登る。ただしバスを使う場合は日帰りは困難で、テント泊か小屋泊りが必要。

■マイカー
国道192号美馬市穴吹で国道492号を南下、美馬市木屋平で国道438号に入り、見ノ越方面に向かい、垢離取橋から林道に入る。しばらく走ると鉄門がある。これが龍光寺の門である。道の脇に5、6台駐車できる。

な次郎笈《じろうぎゅう》が泰然と座っている。南に少し行くと三角点があり、周辺はゴヨウマツと白骨樹に囲まれ、ササ原と相まって独特の景観が楽しめる。テント泊、小屋泊りなどで早朝に頂上に立てば、日の出と同時にブロッケン現象を見ることができるかもしれない。

一ノ森から剣山方面に向かうと、ササ原と針葉樹を縫って登山道がのびる。ひと下りすると右にお花畑への分岐があり、そばに新田次郎の筆になる殉難の碑が立つ。

シコクシラベの樹林に囲まれた二ノ森をすぎると、剣山頂上付近の、「平家《へいけ》ノ馬場《ば》」とよばれるササ原に敷設された木道が見えてくる。木道は登山者のオーバーユースにより大きく後退した頂上のササ原を蘇らせるために設置されたもので、木道から逸脱しないように気をつけよう。

木道を行くと、あわエコトイレで木道が3本に分かれて頂上に向かっている。**剣山**頂上の1等三角点もオーバーユースによって裸地化して土が削られたが、石積みにより命脈を保っている。頂上からはすばらしい大展望が開ける。

展望を充分に楽しんだら、下山は往路を戻る。

（天野和幸）

CHECK POINT

1 龍光寺裏の擁壁の脇にある登山口。ザレ場に要注意

2 絶好の休憩場所、追分。右へ続くお花畑へのトラバース道は通行禁止だ

3 白骨樹の散在するササ原の中、青い三角屋根の一ノ森ヒュッテに向かう

4 一ノ森頂上、うしろには次郎笈（左）と剣山が並ぶ

5 二ノ森をすぎた縦走路から望む剣山頂上付近の平坦なササ原、平家ノ馬場

6 剣山山頂は穏やかなササ原。ミヤマクマザサ保護のため、木道が設置されている

■登山適期
春、夏、秋がシーズン。4月から9月までは多様な花が楽しめる。紅葉は10月中・下旬がよい。冬は積雪が多く、極度に寒いうえ、垢離取からの道路は通行困難となる。

■アドバイス
▽追分からお花畑の間の道は2025年2月現在土砂崩れのため全面通行止め。
▽一ノ森ヒュッテは青い三角屋根の洋風建物。定員50人、要予約。テント場はヒュッテ前のササ原の中。5～6張り設営可能。
▽一ノ森頂上までは、見ノ越を登山口とすると、刀掛ノ松、お花畑経由で1時間50分。剣山頂上経由で2時間。
▽一ノ森から往復1時間20分の槍戸山にはゴヨウマツの巨樹、白骨樹が見られる（24ページ参照）。
▽下山後に美馬市木屋平のつるぎの湯大桜で疲れをいやすとよい。湯船から雄大な山風景を眺められる。

■問合せ先
美馬市木屋平総合支所☎0883・68・2111、一ノ森ヒュッテ☎0883・53・5911、剣山頂上ヒュッテ☎080・2997・8482、つるぎの湯大桜☎0883・68・2424

■2万5000分ノ1地形図
剣山・谷口

＊コース図は20～21ページを参照。

注：美馬市営バスは廃止されたため、穴吹駅からタクシーで龍光寺へ。オレンジタクシー☎0883・64・3141、うだつ☎0883・52・0074

03

原生林の谷から登る西日本第2位の高峰

剣山③ 南つるぎコース

つるぎさん 1955m

日帰り

歩行時間＝6時間50分
歩行距離＝12・0km

技術度 ▲▲▲△△
体力度 ♥♥♥♡♡

コース定数＝**31**	
標高差＝750m	
累積標高差	↗1412m ↘1412m

↑これから登る剣山を見上げる

↑堂々と流れ落ちるホラ貝ノ滝

西日本第2位の高峰、剣山。「日本百名山」でもあり、秋の連休ともなると全国からおびただしい数の登山者が押し寄せてくる。そんな喧騒の剣山をまったく別の山かと思わせるような静かな山行を楽しめるのが、紹介する南つるぎコースだ。中でも、ホラ貝ノ滝ルートは、深い原生林の中を渓流に沿ってたどる、最も自然を感じられるルートである。ただし、整備はされつつあるものの、全般にわたり、まだまだ転落、滑落の恐れのある箇所、ルートの発見に迷う箇所も多い。また、前述のように入山者も少ないため、万一事故が発生した場合の対応が難しく、単独での登山、初心者だけの登山は避け、必ず複数かつベテランとの同行をすすめたい。

おおぼら橋登山口は、槍戸《やりと》川に沿って登ってきた町道（旧槍戸林道）とスーパー林道の三差路。付近に駐車したら、早速、標識にしたがい、西に向けて歩道に入る。ところどころ崩壊が激しい箇所があり、転・滑落に注意したい。流水のある谷を越えるとほどなく下降点で、赤テープにしたがい、急斜面を槍戸川まで下る。最近崩壊が発生し、道が荒れているので慎重に進もう。

川に下り着いたら**徒渉点**で対岸へ飛び石伝いに渡り、左岸を折り返すように登ると、緩やかなブナ林になり、ほっとひと息つける。ここからは谷沿いの道がしばらく続く。天然林の中を行く道は気持ちがよいが、かつて一面を覆って

■鉄道・バス
往路・復路＝公共交通機関の利用は不可能。タクシーも相当長距離になり、かつ、迎えをよぶのも難しい。

■マイカー
徳島市からは国道438号で神山町上分に行き、交差する193号で土須峠を経て那賀町沢谷に入り、県道295号、町道槍戸線を経由して剣山スーパー林道との合流点である登山口に出る。阿南市経由で、国道195号を使って沢谷に入ることもできる。いずれも、かなり長距離で、沢谷から奥は、四季美谷温泉を除き、トイレなどはない。

■登山シーズン
春、夏、秋がシーズン。紅葉は10月下旬～11月。積雪期は道路事情からアプローチが困難。

■アドバイス
▽登りのホラ貝ノ滝コースとともに、

いたスズタケがシカの食害で全滅し、道の周りも崩れやすくなっている。踏みはずすと、川まで転落する恐れもあり、気が抜けない。

ホラ貝ノ滝への谷が分かれた少し上流で谷を渡り、少し登ると大きな**岩屋**があり、直進するとホラ貝ノ滝、剣山へは左へ折り返すように登る。ザックを置いて、ホラ貝ノ滝を往復していこう。

岩屋に戻ったら、まずは、岩の多い尾根をハシゴを交えていっきに標高差50メートルをほど登る。ここがコース中いちばんきついところだ。

ツガの林になると少し傾斜は緩くなるが、剣山まで延々と急登が続く。それでも、しだいに展望が開け、左に次郎笈《じろうぎゅう》が美しい姿を見せはじめる。ただ、ここでもシカの食害は深刻で、ツガの巨木も枯死が目立つ。木々がなくなりササ原

剣山頂上。ササの保護のため木道になっている

一ノ森ヒュッテを見下ろす

剣山周辺の国土地理院地図に記載された登山道はGPSで精査して修正されたもので、充分信頼できる。

▽シカの食害で、コースのほとんどで植生がダメージを受けており、登山道周辺も崩壊や土砂流出が随所に見られる。滑落には特に注意し、パーティの場合は、補助ロープの携行をすすめる。

▽コース内に、剣山頂上ヒュッテ、一ノ森ヒュッテがある。訪問して山の情報を聞くとよい。

▽本文にも書いたが、下山時のポイントは槍戸山南方の標高1790メートル付近の岩峰の通過。岩が出てきたら、必ず引き返し、東側の巻道を見つけて通ること。

▽下山後は上勝町の月ヶ谷温泉や那賀町のもみじ川温泉で汗を流すとよい（那賀町の四季美谷温泉は2024年4月から現在休業中）。

▽山域の情報は、この地域の第一人者「地下足袋王子」に聞くとよい。連絡先は、「ファガスの森高城」のブログから。

■問合せ先

那賀町役場にぎわい推進課☎0884・62・1198、剣山頂上ヒュッテ☎080・2997・8482、一ノ森ヒュッテ☎0883・53・5911

■2万5000分ノ1地形図

剣山・北川・谷口

一ノ森・槍戸山の縦走路から行く手にそびえる槍戸山の勇姿を望む

になると頂上は近い。木道に突き当たり左に進むと、**剣山**の絶頂だ。

一服したら一《いち》ノ森《もり》へ向かう。北も南も大展望の連続で、徳島県東部のほとんどの山が望める。二《に》ノ森南面には、シコクシラベの保護林もある。行場道が合わさる鞍部から、ひと登りでこれまた絶景の**一ノ森**頂上。剣山と次郎笈の間に三嶺《みうね》が見えるのは、ここだけのアングルである。山頂直下には一ノ森ヒュッテもある。

下山は、槍戸山《やりとやま》を越えて、剣山スーパー林道に下る。地元の有志が整備した新しいルートだ。自然を満喫できる好ルートだが、標識が少なく、読図技術が不可欠である。槍戸山までは、ほぼ尾根沿いの大展望の道が続く。

4等三角点のある**槍戸山**頂上で一服し、さらに南へ進む。次のピークの下りがこのコース最大の難所で、岩峰のピーク手前から左（東）へ斜面を下り、山腹を巻く道に入る。赤テープを見逃さないようにしたい。ここを越えるとあとは快適な尾根歩きである。ところどころ道が不明瞭になる箇所があるが、迷ったら尾根を忠実にたどるとよい。

標高1660㍍からは、尾根が不明瞭になり、樹林の中を下っていく。傾斜が緩むと、**剣山スーパー林道**に飛び出す。約1時間の林道歩きで、起点の**おおぼら橋登山口**に戻る。

（早田健治）

CHECK POINT

1 スーパー林道合流点のおおぼら橋登山口。ここからスタートする

2 登山口とホラ貝ノ滝のほぼ中間点。自然林の中の道を行く

3 ホラ貝ノ滝入口。剣山への道は岩屋の前を左に

4 剣山を目指す登山道からは西に次郎笈が大きく見える

5 剣山山頂の一角に建つ剣山頂上ヒュッテ。売店や食堂も利用できる

6 一ノ森山頂からは次郎笈、三嶺、剣山が一望できる

7 槍戸山から西に次郎笈（左）剣山（右）を望む

8 下り着いたスーパー林道の槍戸山登山口

平家平を真正面に尾根を下る

槍戸山を下ると最大の難所の岩峰が現れる

04 シコクザサの雄大な稜線と自然林が織りなす四国随一の名峰

三嶺②

みうね 1893m

日帰り

歩行時間＝5時間45分
歩行距離＝9・7㎞

技術度 ■■□□□
体力度 ■■□□□

コース定数＝25	
標高差＝991m	
累積標高差	↗1112m ↘1112m

↑白髪分岐の避難小屋から望む三嶺。嶺が3つあることから三嶺とよばれる

←初夏に花を咲かすコメツツジ

三嶺は剣山《つるぎさん》国定公園内にあり、徳島県三好《みよし》市東祖谷《ひがしいや》と高知県香《か》美《み》市物部《ものべ》の県境に位置する。四国第8位の高さを誇り、秀麗な山容は、剣山からはもちろん、遠く石鎚《いしづち》山系からも山座同定のよい目標となっている。山頂からの展望は雄大で、四国のほとんどの高山を指呼することができる。また、山頂部一帯には国の天然記念物であるミヤマクマザサとコメツツジの群落が広がり、登山者を魅了している。

徳島県側の主要登山口は、秘境祖谷渓の最奥の集落

■**鉄道・バス**
往路・復路＝JR阿波池田駅前から四国交通バスの久保行きに乗り、終点久保で下車。2時間弱。久保からは三好市市営バスの名頃行きに乗り換え、名頃バス停で下車、5分ほどで名頃登山口に着く。

■**マイカー**
徳島自動車道井川池田ICから、国道32号で大歩危から祖谷トンネルを越えて西祖谷かずら橋を通過し、国道439号を剣山方面へ進み、名頃集落の先で標識にしたがい右に橋を渡ると名頃登山口に着く。または、徳島自動車道美馬ICから、つるぎ町貞光を経て、国道438号を走り、剣山見ノ越まで行き、見ノ越から439号を経て名頃へ。駐車場あり。

■**登山適期**
中腹の豊かな自然林の新緑と紅葉がすばらしい。山頂部は米粒ほどの可憐なコメツツジの花が咲く初夏のころと、その葉が赤く染まる秋がよい。冬期は相当な積雪があり、熟達者のみの世界となる。

■**アドバイス**
▽三嶺は登山者が少なく静寂な山だったが昨今の登山ブームで多くの登山者が訪れるようになった。このような状況のなかでオーバーユースによる問題が生じはじめた。登山道の荒廃、希少種植物の盗掘、そして、山頂トイレが要因と考えられる水場

頂上から西にのびる尾根と向こうに天狗塚が望める

である名頃《なごろ》。JR阿波池田《あわいけだ》駅前から四国交通バスに乗り、久保《くぼ》で市営バスに乗り換え、終点**名頃**で降りる。バス停より少し上流の祖谷川にかかる橋を右に渡ると、駐車場とトイレを備えた**名頃登山口**がある。ほとんどの登山者はマイカーでこの登山口までやって来る。

駐車場近くの登山口から登りはじめる。登山道はほぼ尾根に沿ってのび、そのほとんどが自然林の中の登りだ。標高が上がるにつれて、落葉広葉樹林から亜寒帯植生の針葉樹林に変化していく様子が読みとれる。標高1190㍍付近で**三嶺林道と交差**するが、すぐに再び尾根上の登山道に取り付く。登山道沿いの林床は、シカの食害により植生が消滅しているため、登山道がわかりづらいところもあるが、踏跡をはずれないよう登ろう。植生が落葉広葉樹林からウラジロモミ林に変わると、やがて**ダケモミの丘**に着く。シカの食害からウラジロモミ林を保護する柵が目につく。

ひと息ついたあといったんコルまで下り、ダケカンバやミズナラが多い斜面を登り、少しトラバースして、標高約1570㍍で、頂

の水質汚染などである。
▽三嶺ヒュッテにトイレはあるが、前記理由から使用はひかえ、名頃登山口のトイレですませたい。ただし、トイレは12～3月は閉鎖される。
▽山頂には無人避難小屋の三嶺ヒュッテがあり、30人あまり泊まることができる。水場は、名頃登山道沿いにあるが、大腸菌が検出されたことがあり、煮沸して飲むこと。
▽名頃登山口からのコースのほか、北面の菅生（すげおい）からのコースがある。標高800㍍の東祖谷菅生のいやしの温泉郷（休業中）から登るコースは4時間弱を要する。また剣山から西へ尾根伝いに三嶺に達する縦走コースは9時間を要する。なお、この縦走路には丸石と、白髪山の分岐に無人の避難小屋がある。
▽下山後に汗を流すなら、西祖谷地区にホテル秘境の湯や新祖谷温泉ホテルなどがある。

■問合せ先
三好市東祖谷支所☎0883・88・2211（市営バスも）、四国交通☎0883・72・2171

■2万5000分ノ1地形図
京上・剣山・久保沼井・北川

避難小屋から池と向こうに山頂を望む

CHECK POINT

駐車場とトイレの先にある名頃登山口の標識

ダケモミの丘。ウラジロモミを保護する柵が張りめぐらされている

標高1540メートル付近の新緑が美しいダケカンバ林

三嶺の池越しにササのスロープが美しい三嶺山頂を望む

三嶺の山頂。オーバーユースで裸地化が進む

山頂から池と避難小屋の三嶺ヒュッテを望む

上に連なる本尾根に乗る。ここで登山道はほぼ直角に右（北西）に折れる。下山の時に道に迷う事故が多発しており、充分に注意してほしい。ここからはしばらく尾根の登りが続く。

やがて大きな岩のある地点から稜線の南側を巻くようになる。ウラジロモミはなくなり、視界が開け、灌木とササの山腹を横切るように行くと、水場への分岐に着く。ここからが最後のふんばりどころ。ガレ場や露岩を縫ってササ原の急坂を登ると、目の前に池と一面に広がるミヤマクマザサの草原が飛びこんでくる。右へ行くと無人の**三嶺ヒュッテ**、左へコメツツジの群落が広がる中を登ると**三嶺**山頂である。

さえぎるもののない頂上からの展望はすばらしい。東は剣山山系、西は西熊山《にしくまやま》を経て天狗塚《てんぐづか》へのびる尾根筋が望め、天気のよい日には石鎚《いしづち》連峰が望めることもある。

下山は来た道を引き返すが、池の下の急坂はすべらないよう充分気をつけて下ろう。　（暮石 洋）

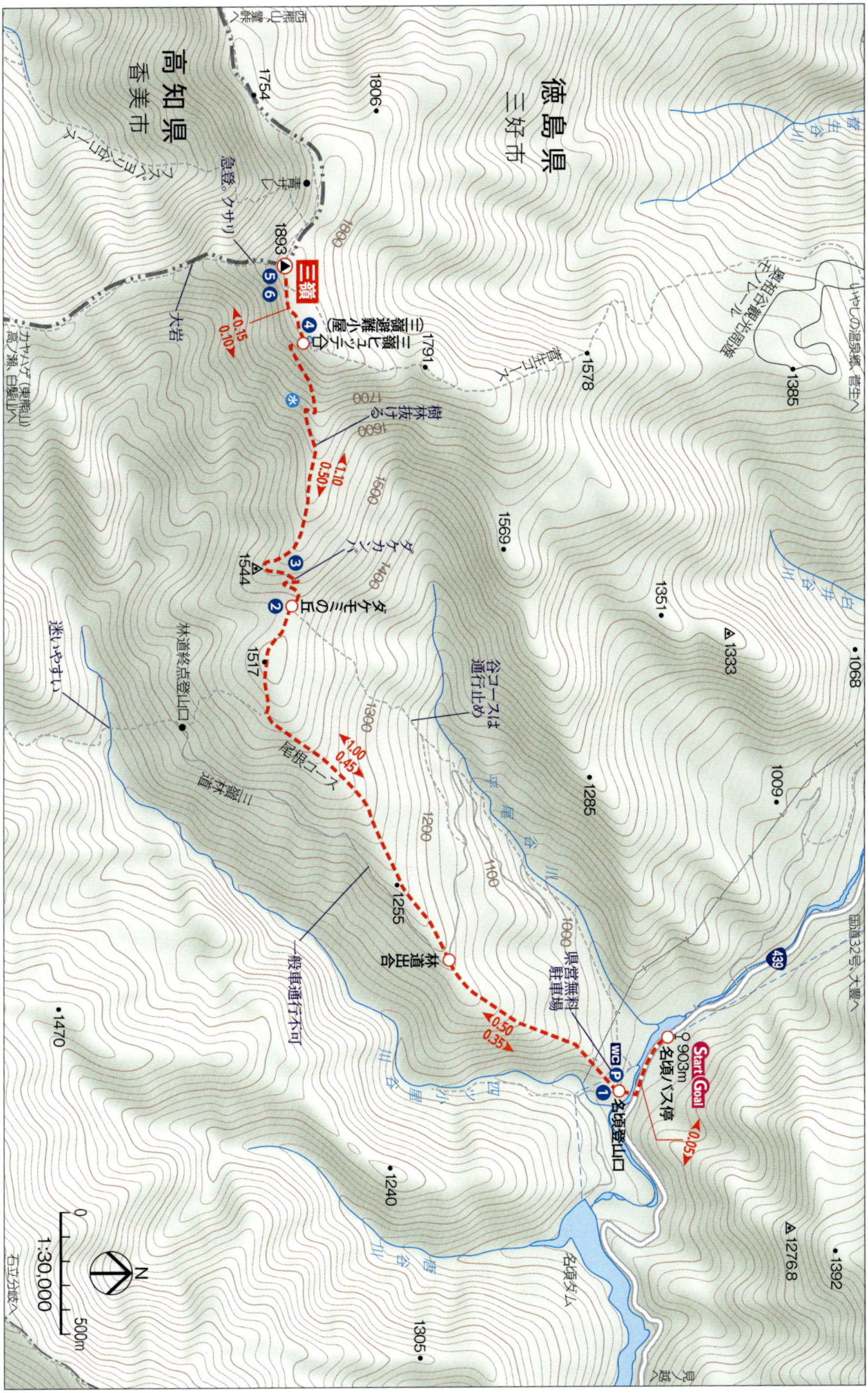
徳島県
三好市
高知県
香美市
三嶺
1893
1754
1806
青ザレ
急登。クサリ
大岩
三嶺避難小屋
1791
菅生コース
1578
いやしの温泉郷・菅生へ
奥祖谷観光周遊モノレール
1385
樹林抜ける
1700
1600
1500
1400
1300
1200
1100
1000
1800
1569
1351
1333
1068
ダケカンバ
1544
ダケモミの丘
1517
林道終点登山口
迷いやすい
谷コースは通行止め
尾根コース
三嶺林道
1285
1009
1255
林道出合
一般車通行不可
県営無料駐車場
名頃登山口
名頃バス停
903m
Start Goal
439
国道32号・大豊へ
名頃ダム
1470
1240
1305
1276.8
1392
見ノ越へ
0.15
0.10
1.10
0.50
1.00
0.45
0.50
0.35
0.05
0
500m
1:30,000
N

天狗峠から望む天狗塚。あずき色の部分がコメツツジ群落

05

コメツツジとササ原の続く高原縦走路

天狗塚・三嶺③

てんぐづか　1812m
みうね　1893m

日帰り

歩行時間＝9時間30分
歩行距離＝21.2km

技術度 ▲▲▲▲▲（3/5）
体力度 ♥♥♥♥♥（3/5）

コース定数＝**45**

標高差＝771m

累積標高差 ↗1992m ↘1992m

　どこから見てもその名の通り天空を突く美しい三角形をなすのが天狗塚だ。剣《つるぎ》山系の西端にあって、ひとりたたずむ孤高の山である。天狗峠から望む姿は牛《うし》ノ背《せ》に連なるササ原の稜線に支えられて独特の景観を呈する。三嶺にかけての広大な稜線を飾るササとツツジは「三嶺・天狗塚のミヤマクマザサ及びコメツツジ群落」として国の天然記念物に指定されている。これら2つの秀峰を縦走すれば、樹木にさえぎられず、常に四囲に徳島の高峰群を展望できる。

　阿佐名頃《あさなごろ》林道（西山《にしやま》林道）脇の**登山口**に天狗塚と天狗峠を示す標識が立っている。鉄階段から尾根に取り付き、左が杉や桧の植林、右がリョウブ、コナラなどの自然林の尾根上の登山道を登る。左の植林が切れてモミやダケカンバに囲まれた平坦地、**1476メートル標高点**に出る。ひと息入れるのによい緑陰だ。

　ついでモミやダケカンバの高木の中にササが現れる。さらに登るとモミが消え、ササ原の中、ダケカンバの疎林になり、うしろに寒《かん》峰《ぽう》、矢筈山《やはずやま》などの祖谷《いや》山系の視界が開ける。ササの中の登山道がやや深掘れで急なので、足もとに気をつけよう。傾斜が緩くなってコメツツジが左右に現れると**久保分岐**に着く。

　先ほど森林限界から見えていた天狗塚の三角錐がより高く天に突き上げる。見わたす限りコメツツジ群落とササ原の中、頂上までの稜線漫歩を楽しもう。7月初旬にはコメツツジが白い可憐な花を見せてくれる。

　天狗塚頂上に三角点はないが、大展望が広がる。北に矢筈山、寒峰、中津山《なかつさん》、東に三嶺、剣山、次郎笈《じろうぎゅう》、南に土佐矢筈山《とさやはずやま》、綱附森《つなつけもり》、

■鉄道・バス
往路＝阿波池田バスターミナルから久保行き四国交通バスに乗り、終点久保で下車。天狗塚登山口までは徒歩で2時間ほど。またはタクシーを利用する。バス便は少なく、天狗塚往復のみでも日帰りは困難。
復路＝いやしの温泉郷から国道439号の菅生バス停まで歩き、三好市営バスに乗り、久保で下車。四国交通バスに乗り換え、阿波池田バスターミナルへ。

■マイカー
国道32号の大歩危から祖谷トンネルを越えて、祖谷川沿いに国道439号を東に行き、東祖谷九鬼で「天狗塚」の標識にしたがい、国道から阿佐名頃林道に入る。西山集落をすぎて、菅生方面に行くと尾根を横切るところに天狗塚登山口がある。数台駐車可能。東に100メートル進んだところにも10台分ほど駐車できる。

■登山適期
積雪期以外いつでもよいが、新緑の5〜6月、コメツツジの咲く7月、紅葉の10月が特によい。

■アドバイス
▽バスを使う場合は天狗塚往復のみでも日帰りは難しい。どちらも無人避難小屋のお亀岩ヒュッテか三嶺ヒュッテを利用することになる。
▽水場はお亀岩ヒュッテ近くにあるが、長丁場なので食料、飲料は充分

石立山《いしだてやま》、西に高知県、愛媛県の山々などが堪能できる。

　展望を満喫したら三嶺目指して縦走に入る。**久保分岐**まで戻って西熊山《にしくまやま》方面に向かう。天狗峠で綱附森への分岐をすぎ、やや下って**お亀《かめ》岩**のある鞍部にいたる。鞍部の高知県側直下には赤い屋根のお亀岩ヒュッテがあり、近くに水場があるので必要ならば水を補給しておこう。このルート唯一の水場である。

　ここからしばらく登り返すと**西熊山**頂上に着く。高い樹木はなく展望がよい。ササ原の稜線の向こうに三嶺が顔を出している。広大なササ原が続き、シカの食害に遭った立ち枯れの林を経て、崩壊地の青ザレを右に見て登り返すと**三嶺**頂上だ。

　三嶺山頂からの大展望を楽しんだら、コメツツジの尾根を東に下ると、緑のササに囲まれた池と赤い屋根の三嶺ヒュッテが、一幅の絵画のような美観を呈している。**三嶺ヒュッテ**前で北に進路を変え北にのびる尾根を下る。少し登り返して深い自然林の中、足もとに注意して急下降すると、1578メートル標高点で北西の尾根に乗る。しばらく進んで右に下り、植林の中を道なりに北に進むと傾斜が緩くなる。小さな沢をいくつか越え、廃屋となった**造林小屋**にいたる。

　ついで、奥祖谷観光周遊モノレールの下を4箇所くぐって植林を抜け、廃屋の横に出る。緩い草地の横を下ると、三嶺の**菅生《すげおい》登山道入口**に到着する。すぐ近くのいやしの温泉郷のバンガローを右に見て、山側の道路を登り、菅生谷川を越し、阿佐名頃林道（西山林道）を道なりに進んで出発点となった天狗塚**登山口**に戻る。バス利用の場合は、いやしの温泉郷から国道439号の菅生バス停まで歩く。

（天野和幸）

オーバーユースにより裸地化が進む三嶺頂上三角点付近。背景は祖谷山系の山々

準備しておくこと。
▽三嶺山頂周辺には、シカの食害防止のためにネットが張られている。通過する時には、シカの侵入を防ぐよう開け閉めを励行しよう。
▽奥祖谷観光周遊モノレールは電動で高電圧なので、くぐる時はストックや体が触れないよう気をつけよう。
▽国道439号近くの東祖谷の落合集落は国の重要伝統的建造物群保存地区に指定されており、祖谷川をはさんだ東祖谷中上には落合集落を見わたせる展望所が設置されている。
▽下山地の東祖谷菅生にあるいやしの温泉郷は、2025年現在休業となっている。

■問合せ先
三好市東祖谷支所☎0883・88・2211（市営バスも）、四国交通バス☎0883・72・2171、三嶺タクシー☎0883・88・2420

■2万5000分ノ1地形図
京上・久保沼井

CHECK POINT

1

天狗塚への標識が立つ登山口。鉄階段を登って登山道に取り付く

2

胸突八丁を登りきると久保分岐。天狗塚が手招きする

3

お亀岩。高知県側に少し下ればお亀岩ヒュッテと水場がある

4

奥祖谷観光周遊モノレールの下をくぐる。高電圧に注意のこと

5

三嶺の菅生登山道入口に下山する

注：天狗塚登山口への阿佐名頃林道は崩壊のため2025年2月現在東祖谷西山からアクセス不可。東側の東祖谷菅生からアクセスする。

菅生バス停、名頃へ
菅生バス停へ
いやしの温泉郷
菅生登山道入口
菅生バス停へ徒歩約30分
杉
奥祖谷観光周遊モノレール
N
0
500m
1:25,000
菅生谷川
2.10
2.00
阿佐名頃林道（西山林道）
白井谷川
0.50
1.20
1385
造林小屋跡
菅生コース
杉
1351
1578
徳島県
三好市
1.10
1.40
1569
1791
1806
樹林抜ける
ダケカンバ
ダケモミの丘
三嶺
青ザレ
1893
三嶺ヒュッテ（三嶺避難小屋）
0.10
0.15
名頃へ
1754
0.45
0.35
大タオ
1544
急登。クサリ
大岩
フスベヨリ谷コース
高知県
香美市
1207
カヤハゲ、剣山へ

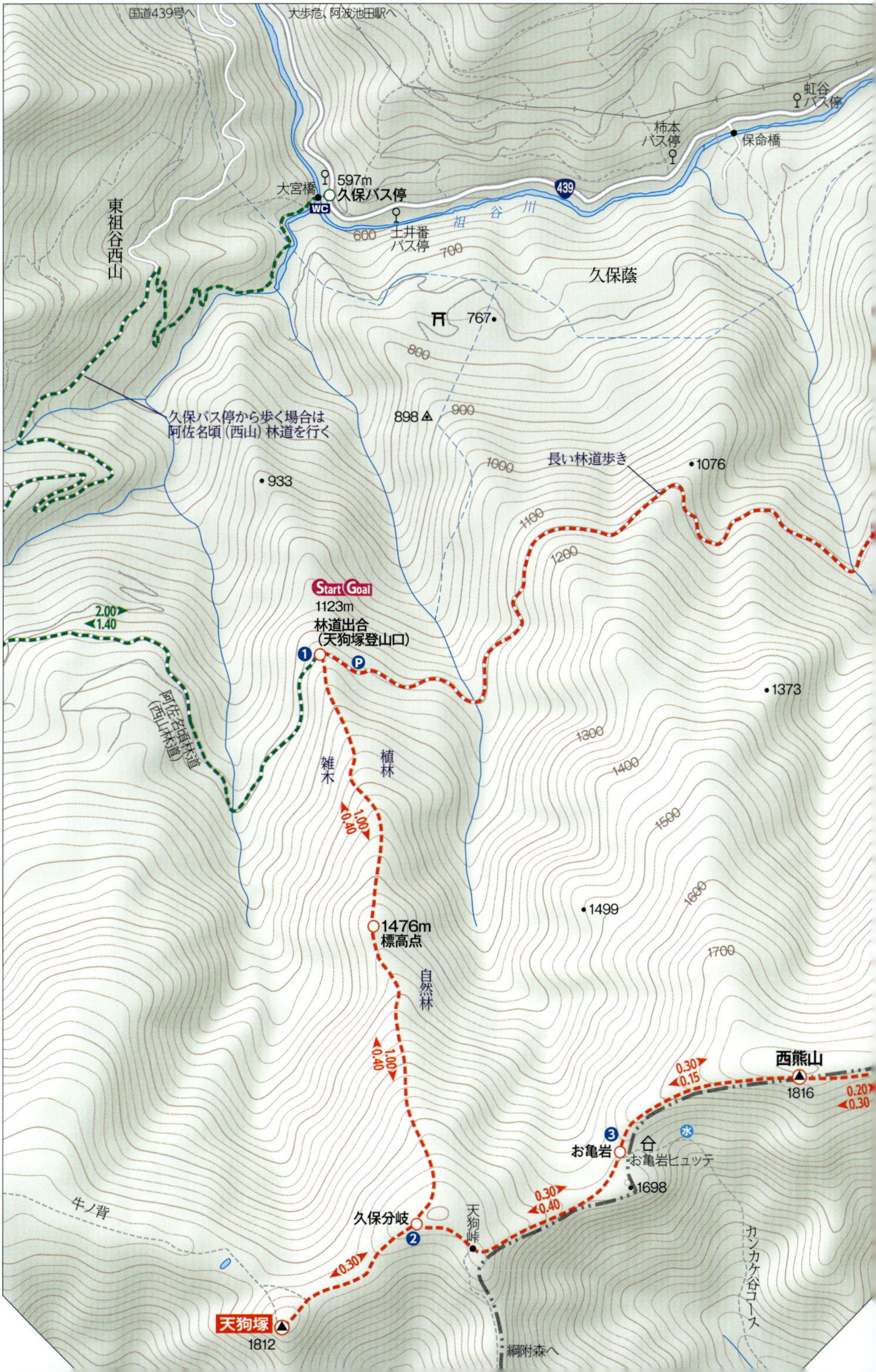
国道439号へ
大歩危、阿波池田駅へ
虹谷バス停
柿本バス停
保命橋
597m
大宮橋
久保バス停
WC
439
祖谷川
土井番バス停
600
700
東祖谷西山
久保蔭
767
800
898
900
久保バス停から歩く場合は阿佐名頃（西山）林道を行く
1000
長い林道歩き
1076
933
1100
1200
Start Goal
1123m
林道出合（天狗塚登山口）
2.00
1.40
P
1373
阿佐名頃林道（西山林道）
雑木
植林
1300
1400
1.00
0.40
1500
1476m標高点
1499
1600
1700
自然林
1.00
0.40
西熊山
1816
0.30
0.15
0.20
0.30
お亀岩
お亀岩ヒュッテ
1698
0.30
0.40
牛ノ背
久保分岐
天狗峠
カンカケ谷コース
0.30
天狗塚
1812
綱附森へ

西熊山付近から三嶺を望む。広大なササ原が続く高原縦走路

ササとコメツツジに囲まれた池と無人の避難小屋、三嶺ヒュッテ

06

ササ原の中をゆっくり歩き剣山地の山々を眺める

土佐矢筈山

とさやはずやま
1607m

日帰り

歩行時間＝5時間40分
歩行距離＝10・0㎞

技術度
体力度

コース定数	＝22
標高差	＝476m
累積標高差	↗873m ↘873m

小檜曽山三角点から見る土佐矢筈山

土佐矢筈山は徳島県三好《みよし》市と高知県香美《かみ》市の県境に位置し、両県の登山者に古くから親しまれている山だ。展望のよさが最大の魅力で、北東に、天狗塚《てんぐづか》から西にのびる牛ノ背《うしのせ》の稜線、その奥に三嶺《みうね》や剣 山《つるぎさん》、西に石鎚山《いしづちさん》まで見わたすことができる。登路は矢筈峠（アリラン峠）と京柱峠《きょうばしら》の2コースがあるが、矢筈峠からのコースは、峠までの林道で山腹の崩壊が数箇所あり、途中から通行できない。2018年6月現在、徳島県側から矢筈峠に入ることができないので、ここでは京柱峠からのコースを紹介しよう。

京柱峠は国道439号の三好市東祖谷《ひがしいや》と高知県大豊《おおとよ》町の県境に位置している。国道とはいえ、道幅は狭く、特に運転には注意してほしい。峠からは展望がすばらしく、天狗塚、寒峰《かんぽう》などを望むことができる。

京柱峠の駐車場に車を停め、林道京柱線を少し進み、右側に「小《こ》檜曽山《びそやま》登山口」と書かれた標識に導かれて尾根の登山道に入る。尾根沿いの登山道を忠実に登っていくと急登となるが、長くは続かないので、無理をせずゆっくり登っていこう。途中で分岐の標識に「原生林遊歩道」と書かれたコースが分かれる。どちらのコースをとっても時間は同じくらいなので、下りに違うコースを選ぶのもよいかもしれない。2つの道は、大きな

■鉄道・バス
往路・復路＝利用できる公共交通機関はなく、タクシーの利用も実際的ではない。マイカーの利用が一般的。

■マイカー
登山口となる京柱峠は、国道439号の三好市東祖谷と高知県大豊町の境界に位置する。国道ではあるが、道幅が狭いので運転は充分に注意。10台ほど駐車可能。

■登山適期
5月中旬には、トサミツバツツジの花や新緑が美しい。秋の紅葉もすばらしく、天狗塚・牛ノ背の稜線が鮮やか。冬期は避けた方がよい。

■アドバイス
▽登山口の京柱峠には食堂もある。売切れしだい閉店となる。
▽樫尾から谷道川沿いに矢筈峠へ向かう林道は2025年2月現在、通行不能。要事前確認。
▽下山後は西祖谷の温泉施設で汗を流すとよい。ホテル秘境の湯（☎0883・87・2300）、新祖谷温泉ホテル（☎0883・87・2171）、ホテル祖谷温泉（☎0883・75・2311）。

■問合せ先
三好市西祖谷支所☎0883・87・2211、同東祖谷支所☎0883・88・2211

■2万5000分ノ1地形図
久保沼井・東土井

注：通行止めだった37㌻本文中の京柱峠～矢筈峠（アリラン峠）間の林道（林道京柱線や笹谷20林道など）は2025年2月現在通行可能。

小檜曽山から土佐矢筈山までは広いササ原の中を行く

土佐矢筈山へ向かう登山道から見る天狗塚(右)と牛ノ背の尾根(左)

岩の下にある権現祠で合流する。

登山道がササ原に変わると、京柱峠分岐は近い。ここまで来ると目指す土佐矢筈山がよく見えてくる。ササ原の登山道を進むと**京柱峠分岐**に登り着く。左に小檜曽山の標識が見えるので寄り道をしていこう。10分も歩けば**小檜曽山**山頂に立つ。

往路を**京柱峠分岐**に戻り、ササ原の道を東進していくと、北側の展望も開け、天狗塚から西にのびる牛ノ背の稜線が大きく見えてくる。緩やかなササ原の稜線歩きを楽しもう。

やがて灌木の中に入ると登り坂になり、矢筈峠からの登山道と合流すると、すぐ先が**土佐矢筈山**の山頂だ。東に剣山、次郎笈《じろうぎゅう》、白髪《しらが》山《やま》、三嶺、天狗塚、綱附森《つなつけもり》と、剣山周辺の名だたる峰々を眺めることができる。

展望を楽しんだら、往路を**京柱峠**まで戻る。　（割石一志）

CHECK POINT

1 国道439号の京柱峠の林道京柱線入口にある標識

2 林道京柱線の「小檜曽山登山口」の標識。ここから登山道に入る

3 原生林遊歩道の分岐。どちらの道を選んでも先で合流する

4 登り着いた京柱峠分岐で目指す土佐矢筈山を望む

5 土佐矢筈山山頂まではもう少し。歩いてきた小檜曽山の稜線を振り返る

6 土佐矢筈山山頂。山名表記は、高知県側では「矢筈山」だ

07 塔ノ丸
とうのまる 1713m

剣山山系の中心に位置するササに覆われたなだらかな山

日帰り

歩行時間＝3時間10分
歩行距離＝7・5km

技術度 1/5
体力度 1/5

コース定数＝13
標高差＝268m
累積標高差 ↗430m ↘430m

明るいササ原の尾根道を行く。左から三嶺、塔ノ丸、1682メートル峰

塔ノ丸は剣山《つるぎさん》の北西に位置し、祖谷《いや》川をはさんで四国山脈主脈稜線と対峙して東西に連なる矢筈山《やはずやま》を主峰とする、祖谷山系の起点となるピークである。周囲を剣山、三嶺《みうね》、矢筈山などの高山に囲まれて地味な存在に見えるが、これらの山々を間近に眺望できる最高の展望台になっている。

一部を除き、全山ササで覆われており、大展望を楽しみながら登山できるのがこの山の大きな魅力で、草原に咲く花々も多い。一方、悪天時にはまったくさえぎるものがないため、天候を選んで登ってほしい。

登山口は、夫婦《めおと》池。アプローチの国道438号が2つの池の間を通っており、付近には休憩所、トイレもある。国道を貞光《さだみつ》方面に少し戻ると**登山口**の標識があり、ここからスタートする。最初は1549メートルピークの北斜面に広がるウラジロモミやダケカンバの自然林の中を緩やかに登っていき、涸れ沢をすぎてやや下ると30分ほどでササの**稜線**に出る。

1579メートルの4等三角点の南側を通り、白い巨岩の左側を通り抜

雄池と雌池が隣り合う夫婦池

■鉄道・バス
往路・復路＝6月を除く4月下旬～11月中旬の土曜・休日と8月のお盆期間にJR貞光駅～つづろお堂間のつるぎ町コミュニティバスが登山バスとして1日2便剣山（見ノ越）まで延長運転され、ラ・フォーレつるぎ山で下車する。運行期間外はつづろお堂から約3時間歩くことになる。

■マイカー
徳島道美馬ICから、つるぎ町貞光を

塔ノ丸山頂からの剣山と次郎笈

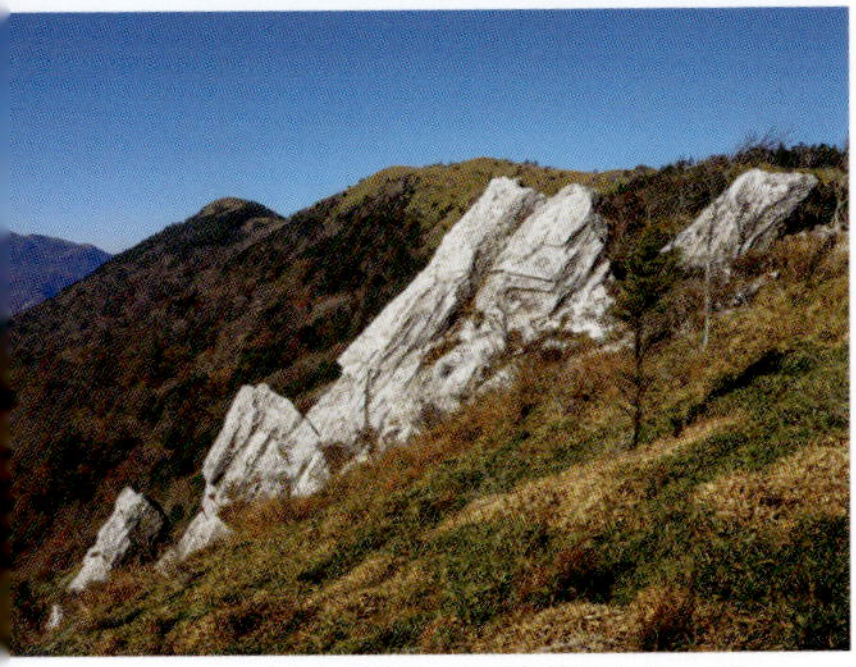

コース途中で現われる印象的な白い岩

けると、前方に塔ノ丸の山頂が見えてくる。左側にはシャープな山容の三嶺が並んで見える。ここからは広いササ原の中を緩やかに登っていく。**1682メートルピーク**からはいったん下りになり、緩やかに登り返すように進んでいくと、**塔ノ丸**山頂に着く。

山頂からは北にピラミダルな矢筈山や黒笠山《くろがさやま》の岩峰が、西に三嶺、そして振り返れば剣山、次郎笈《じろうぎゅう》と、山系随一の展望が広がる。

展望を満喫したあとは、再度ゆっくりとササ原を楽しみながら、往路をそのまま引き返して**登山口**に戻ろう。（丸岡 隆）

経て国道438号を南に向かう。剣山への標識を目印にして進むと、道は塔ノ丸の北斜面をつづら折りに登っていく。最後の第7ヘアピンから3・5キロ先、道の右側に登山口の標識があり、周辺に路上駐車できる。さらに200メートルほど進むと夫婦池で、休憩所やトイレがある。また、その手前を左折すると、ラ・フォーレつるぎ山があり、そちらの駐車場も利用できる。

■登山適期

春は、登山口の夫婦池周辺の自然林の新緑、秋は紅葉がすばらしい。また、夏も標高が高いため、草原の花を楽しみつつ楽しい登山ができる。冬期は相当な積雪がある。

■アドバイス

▽三好市東祖谷の名頃、ほかに小島峠からも登れるが、上級者向き。

▽ラ・フォーレつるぎ山は4～11月の営業だが、利用は予約が必要（☎0883・67・5555）。

▽下山後の入浴はつるぎ町一宇のつるぎの宿岩戸（☎0883・67・2826）、同町端山の剣山木綿麻温泉（☎0883・62・5500）などが便利。

■問合せ先

つるぎ町役場商工観光課☎0883・62・3114（登山バスも）

■2万5000分ノ1地形図

剣山

塔ノ丸山頂からは祖谷谷をはさんで三嶺が間近に迫る

CHECK POINT

1 国道438号脇の登山口を示す標識から登山道に入っていく

2 最低コルはウラジロモミと広葉樹の混交林が広がる

3 樹林帯を抜けるといっきに展望が開ける

4 360度、さえぎるものはなにもない展望が広がる塔ノ丸山頂

塔ノ丸山頂から歩いてきた稜線を振り返る

08

前剣山山系のプチ縦走

中尾山・赤帽子山・丸笹山

なこやま 1331m
あかぼうしやま 1619m
まるささやま 1712m

日帰り

歩行時間＝5時間
歩行距離＝9.0km

技術度
体力度

コース定数＝**22**

標高差＝642m

累積標高差 967m 592m

中尾山、赤帽子山、丸笹山を結ぶ稜線は、美馬《みま》市（木屋平《こやだいら》）、つるぎ町、三好《みよし》市（東祖谷山《ひがしいややま》）の市町境に沿った縦走路となっている。

美馬市穴吹《あなぶき》町から国道492号を剣山《つるぎさん》方面に向かい、中尾山高原の標識を右折すると、しばらくしてグラススキー場、バンガローなど宿泊施設のある**中尾山高原**に着く。

中尾山へは、ログハウス横からグラススキー場の遊歩道の標識にしたがってスキー場北辺を登る。（登山口）人工林に入り、よく整備された遊歩道を登ると中尾山の**南峰**に出る。北に向かえば樹林の中に**中尾山**山頂がある。

もとに戻り、なだらかな広葉樹林帯の稜線を南に進むと、やがてブ

グラススキー場の遊歩道

■鉄道・バス
公共交通機関は利用できないため、タクシー、レンタカーを駆使することになるが現実的とはいえない。縦走ではなく、中尾山高原か夫婦池からのピストンで、本コースで紹介した山のいくつかを登るプランとするのがよいだろう。
往路＝中尾山高原へは、JR徳島線穴吹駅からタクシーで約90分。
復路＝夫婦池からJR徳島線貞光駅までタクシーで約70分。
■マイカー

赤帽子山山頂付近の広々としたササ原

中尾山高原は、徳島自動車道脇町ICから、国道492号、県道260号を経由。約47㌔。夫婦池は、徳島自動車道美馬ICから、国道438号を経由。約40㌔。縦走プランなので、車を2台を用意し、1台を夫婦池に配車することになる。

■登山適期

3～11月。冬期は積雪のため、中尾山高原には入ることはできない。5月中～下旬のミツバツツジと10月上～下旬のヒメシャラ、リョウブ、カエデ類の紅葉の樹林帯はすばらしい。

■アドバイス

▽中尾山高原は、知る人ぞ知る山岳リゾート。四国随一のグラススキー場も営業している。

▽コースの両端には、ラ・フォーレつるぎ山と平成荘があり、いずれも宿泊可能。

▽下山後の入浴は、木屋平側なら大桜温泉。一宇側なら、つるぎの湯岩戸、木綿麻温泉。

■問合せ先

美馬市役所木屋平総合支所☎0883・68・2111、オレンジタクシー（穴吹駅）☎0883・64・3141、貞光タクシー☎0883・62・3166、中尾山高原平成荘☎0883・68・3422、ラ・フォーレつるぎ山☎0883・67・5555

■2万5000分ノ1地形図

谷口・剣山

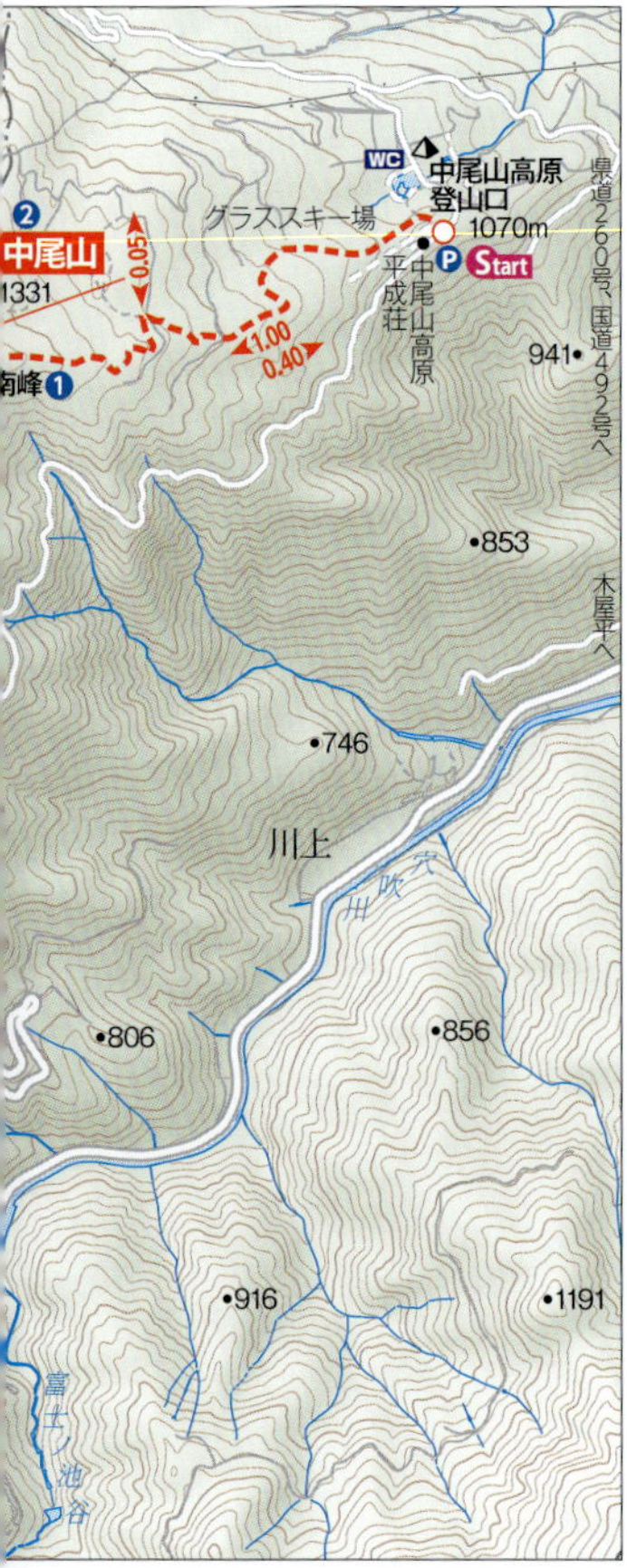

赤帽子山から丸笹山への縦走路では、頻繁にシカに遭遇する

丸笹山山頂。剣山、次郎笈、三嶺の連なりがすばらしい

日帰り入浴もできる宿泊施設、ラ・フォーレつるぎ山

ナの原生林、広葉樹林を抜けてササ原に出ると、360度の大展望がある**赤帽子山**の山頂に着く。目の前には、一《いち》ノ森《もり》、剣山、丸笹山の展望が見てとれる。

よく整備された登山道を丸笹山に向かう。アップダウンを繰り返し、途中、国道438号にエスケープできる標識のあたりでシカに出くわすことがある。丸笹山への**分岐**からは、少しザレている道をひと登りすると、ほどなく**丸笹山**山頂に着く。剣山、次郎笈《じろうぎゅう》、三嶺《みうね》、塔《とう》ノ丸《まる》、矢筈山《やはずやま》などの展望を満喫しよう。

西斜面のなだらかなスロープを下山すると**夫婦**《めおと》**池**に着く。池の前には、宿泊や日帰り入浴ができるラ・フォーレつるぎ山がある。

（稲見慎一）

CHECK POINT

中尾山南峰。縦走路からはずれて中尾山を往復しよう。所要10分だ

樹林に囲まれて展望はないが、3等三角点の中尾山山頂

赤帽子山山頂。剣山や一ノ森、丸笹山など、360度の展望が広がる

ササ原の中に国道438号へのエスケープを示す標識が立っている

丸笹山への分岐。右に行けば夫婦池へ直接下ることができる

夫婦池がある丸笹山登山口。ラ・フォーレつるぎ山で日帰り入浴もできる

09

「阿波富士」の山容にふさわしい古くからの信仰の山

高越山

こうつざん 1133m

日帰り

歩行時間＝5時間10分
歩行距離＝10・8km

技術度

体力度

コース定数＝25

標高差＝1019m

累積標高差 ↗1166m ↘1166m

吉野川北岸から望む高越山。阿波富士とよばれる端正な姿を見せる

高越山は吉野《よしの》川中流に位置し、別名「阿波富士《あわふじ》」とよばれ、古くから信仰の山として知られている。地元では親しみをもって「おこおっつさん」ともよんでいる。山頂は役行者により開基され、高越権現として大和国の吉野権現の分身ともいわれた歴史をもつ山である。

ふいご温泉のすぐ上の県道248号沿いの四国電力鉄塔巡視路から登り、途中の中《なか》ノ郷《ごう》で従来の表参道と合流して山頂へ。下山は表参道を明王《みょうおう》院まで下り、車道を歩いて出発地点に戻る周遊コースを紹介しよう。

側壁に赤字で「高越山登山道入口（徒歩専用）」の看板がある地点が**登山口**。四国電力阿波《あわ》幹線の標識にしたがって登り、最初に43番の鉄塔に出る。約15分で車道に出るが、横切って巡視路を登る。途中頻繁に直登する登山道と分かれるが、どちらを登っても互いに交わるので心配はない。直登する登山道は距離が短く、巡視路はなだらかな登りになる。

47番鉄塔に出合うと眼下に吉野川平野、その向こうに阿讃《あさん》山脈が展望できる。出発から約1時間程度で看板の立つ分岐がある。ここから巡視路と分かれて左手の登山道を登ると車道に出る。時間の余裕があれば左に5分行くと修行の覗岩《のぞきいわ》があるが、右に道なりに歩くと**中ノ郷**にいたる。ここにある萬《ばん》代《だい》池周辺は中の郷桜公園になっていて、桜の季節は花見が楽しい。樹齢1000年の赤樫もある。

中ノ郷からは旧来の表参道で、高越山まで500㍍おきに里程標の看板があるので目安にするとよ

■鉄道・バス
往路・復路＝JR徳島線阿波山川駅前から吉野川市代替バスに乗り、旗見バス停下車、徒歩でふいご温泉登山口へ。阿波山川駅からは約3㌔で、歩く場合は登山口まで40分程度。

■マイカー
国道192号吉野川市山川町瀬詰の交差点で国道193号に入り、美郷方面に向かって走行。1・5㌔ほど先の交差点を「ふいご温泉」の看板を目印に右手に折れる。まもなく高越大橋を渡れば「ふいご温泉」に着く。少し走れば県道248号沿いの路肩に5台程度の駐車スペースが2箇所ある。

■登山適期
徳島市内からのアプローチもよく、年間を通じて登山者は多い。5月連休明けの新緑とオンツツジの開花時期が特におすすめ。冬の積雪期も初心者向けの雪山体験に適している。真夏の時期も日陰が多く、山頂は涼しいので、トレーニングにもよい。

■アドバイス
▽山頂から奥に1時間ほど行った地点に天然記念物の船窪つつじ公園がある。開花時期は5月初旬から中旬で、国

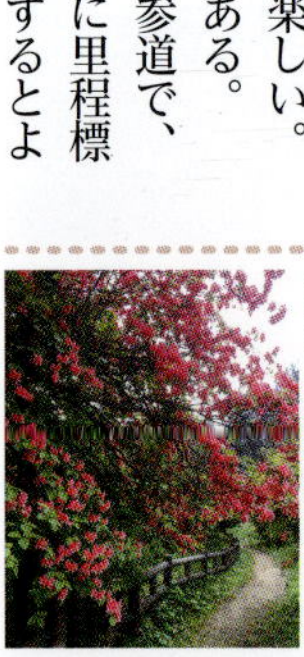

船窪つつじ公園

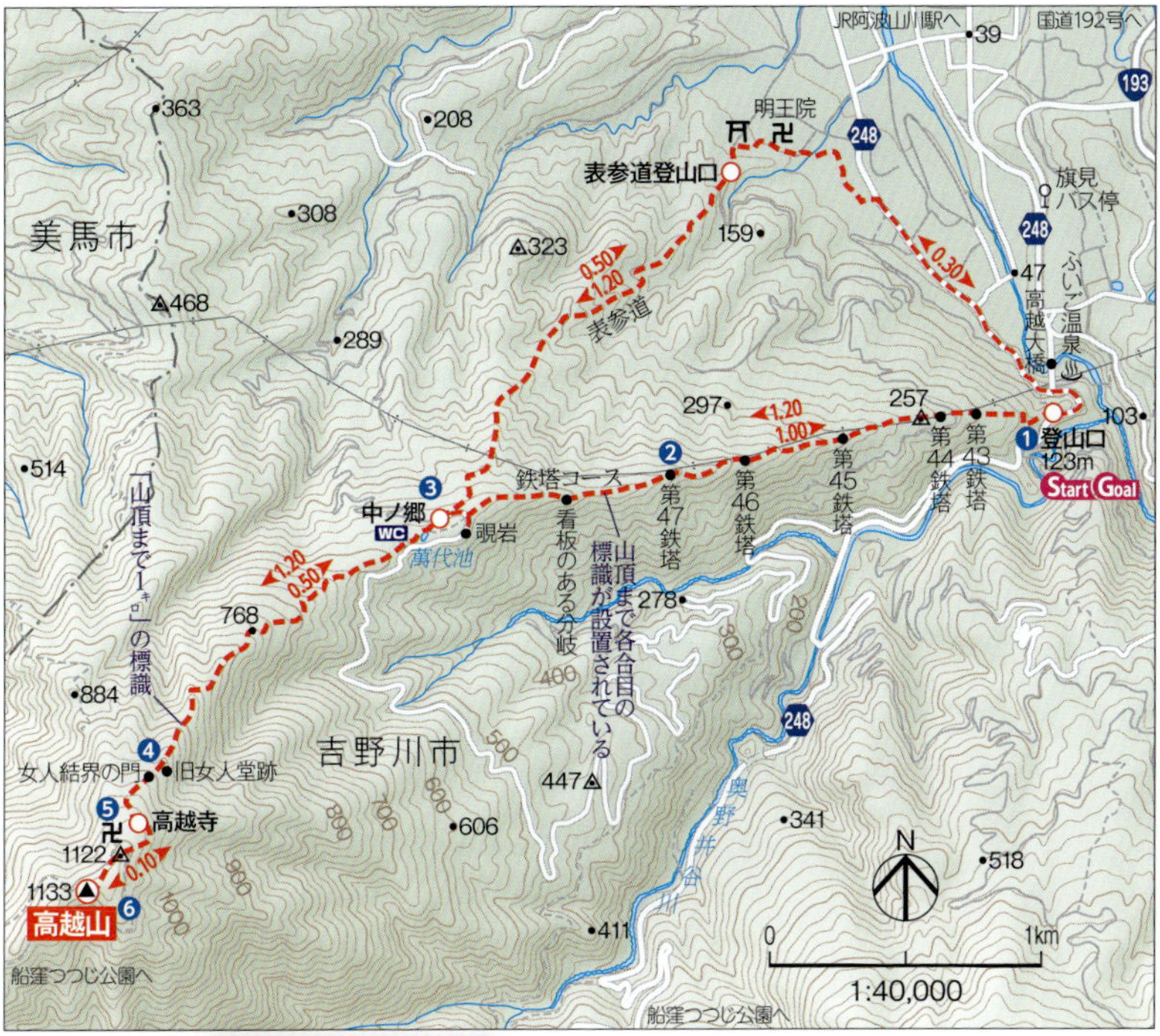

い。やがて「山頂まで1㌔」の標識をすぎると、登山道はやや急になり、旧女人堂跡、女人結界の赤門を通過すると高越寺は近い。石段を登り、大きな山門をくぐると**高越寺**境内に入る。

左の鐘楼脇からさらに登り、高越神社前を通っていけば**高越山**山頂だ。ブナ林の中で、脇《わき》町方面の展望が開け、弘法大師の像が立っている。三角点は山頂から100㍍ほど北にある。

下山は**中ノ郷**まで戻って往路と分かれ、表参道を鳥居のある旧来の**表参道登山口**まで下る。そこから明王院横の車道を歩いて県道248号に入り、出発点の**登山口**に戻る。（西條忠雄）

CHECK POINT

1 ふいご温泉登山口。県道の山側に「高越山登山道入口（徒歩専用）」の看板がある

2 47番鉄塔からの眺望。阿讃山脈、吉野川の展望が開けている

3 山頂までの中間点、中ノ郷。萬代池とお堂がある

4 旧女人堂跡をすぎると、かつての女人結界の赤門がある

5 7世紀に役小角が建立したと伝えられる、壮大な境内をもつ高越寺

6 高越山頂上。自然豊かなブナ林の中に弘法大師の肖像が立つ

道192号沿いに開花予報の看板がある。公園までは車でも行けるので、下山後に訪ねてみるとよい。

▽山頂までの中間点の中ノ郷周辺には覗岩と赤樫の巨樹があるので立ち寄ってみよう。

▽下山後はふいご温泉で日帰り入浴できる。宿泊も可。

■**問合せ先**

吉野川市役所（代替バスも）☎0883・22・2222、ふいご温泉☎0883・42・4700

■**2万5000分ノ1地形図**

脇町

10

東宮山

信仰と平家伝説の山をめぐる

とうぐうさん
1091m

日帰り

歩行時間＝3時間45分
歩行距離＝6・1km

技術度
体力度

コース定数＝15

標高差＝361m

累積標高差 639m 639m

↑正善山から見た東宮山。左奥に12番札所のある焼山寺山が見える

←川井峠登山口のシダレザクラ。開花期には多くの人でにぎわう

名西《みょうざい》郡神山《かみやま》町と美馬《みま》市木屋《こや》平《だいら》の境に位置する東宮山は、ピラミダルで端正な姿が、ひときわ目立つ山である。登山口がある川井《かわい》峠へは、新府能《しんふのう》トンネルの開通により、マイカーを利用すれば、徳島市内からのアクセスが一段と便利になった。山内には壇ノ浦の合戦に敗れた平家が安徳天皇とともに落ちのびたという伝承が残る。

川井峠から直接登ることもできるが、隣接する天行山《あまぎょうさん》から尾根伝いに東宮山に縦走し、さらに2つの社をめぐるコースが、途中展望もありおすすめである。

登山口は、川井トンネルを抜けて少し下ったところにある神社のりっぱな白い鳥居をくぐった境内奥だ。「天行山」の表示にしたがい北西に巻道を進むと、40分ほどで

■**鉄道・バス**
往路・復路＝JR徳島駅から徳島バスで神山役場前へ。タクシーに乗り換えて川井峠の登山口へ。マイカー利用が無難である。

■**マイカー**
JR徳島駅から国道438号を佐那河内村経由で神山町に入り、川井トンネルを抜けるとすぐに川井峠登山口がある。高速道路を利用する場合、徳島自動車道脇町ICで降り、穴吹橋を渡ったら国道492号を南に進み、美馬市木屋平川井から国道438号を川井峠へ。駐車場はトンネルを出たところに市営の無料駐車場がある(15台)。

■**登山適期**
一年を通して登れる。登山口のある川井峠はシダレザクラが美しい。開花時期は4月上旬〜下旬。

■**アドバイス**
▽日帰り入浴は、木屋平側に下るとつるぎの湯大桜(☎0883・68・2424)が、また神山町神領に神山温泉ホテル四季の里温泉(☎088・676・1117)がある。

■**問合せ先**
神山町役場☎088・676・1111、美馬市役所木屋平総合支所☎0883・68・2111、徳島バス本社☎088・622・1811、ヨリイ観光(タクシー)☎088・676・0345、川又タクシー☎

太子堂参道の急な石段と合流し、少し登ると**太子堂**に着く。苔むした中に石仏が並び、趣のある場所である。**天行山**頂上へは太子堂の上を回りこむように急坂を登る。石積みの標杭が立ち、展望はない。

東宮山へは北東に尾根道を進む。**天行山分岐**で川井峠から直接登る登山道と合流し、さらに進むと伐採地に出る。林道を左にとると、すぐに東宮山と**東宮神社の分岐**に出る。標識にしたがい尾根に取り付くと、30分ほどで**東宮山**山頂に着く。頂上には2等三角点が置かれ、2つのりっぱな祠がある。展望はあまりないが、木々の間から東に焼山《しょうさん》寺《じ》山《さん》を望むことができる。

頂上から東に尾根を下ると、15分ほどで**東宮神社と春宮《しゅんぐう》神社**のある広場に着く。訪れる人も少ないのか、草が生い茂る中に2つの社が静かにたたずんでいる。

CHECK POINT

1 川井峠登山口。晴れた日には剣山方面の展望がすばらしい

2 石仏が静かにたたずむ太子堂。南西方向に展望が開ける

3 天行山山頂。木々の間に石積みの標杭が立ち、展望はない

4 東宮神社分岐。右へ進むと巻道を通って東宮神社に出る

5 りっぱな2つの祠が置かれている東宮山山頂

6 うっそうとした木々の中にたたずむ東宮神社の鳥居

088・677・0137

■2万5000分ノ1地形図
阿波川井

帰路は南面の巻道を利用する。最初東宮神社の左手から入ると、最初荒れ気味だが、しばらく進むと踏跡のしっかりした道になる。30分ほどで**東宮神社分岐**まで戻ることができる。さらに**天行山分岐**まで引き返し、標識にしたがって谷沿いの道を下ると、30分ほどで**登山口**に着く。

（河野 順）

11 友内山

魅力的な山容と歴史ある友内神社の風格

ともおつさん
1073m

日帰り

歩行時間＝2時間10分
歩行距離＝2・5㎞

技術度 1/5
体力度 1/5

コース定数＝9	
標高差＝433m	
累積標高差	↗ 452m ↘ 452m

←吉野川をはさみ、対岸の美馬市美馬町から見た友内山。美しいスカイラインが目を引く

←歴史ある友内神社。りっぱな社殿が栄華の歴史を感じさせる。右手奥が登山口になる

友内山は美馬《みま》郡つるぎ町貞光《さだみつ》と美馬市穴吹《あなぶき》町との境に位置する。

吉野《よしの》川方面より遠望するとすっぱり切れ落ちた川見《かわみ》付近の台地の上に、鋸歯状のピークを連立させる姿は魅力的である。ただし、頂上は樹木に覆われていて眺めはよくない。麓を流れる貞光川は、古くは木綿麻《ゆうま》川ともよばれた。古代、忌部《いんべ》族が栽培したというユウ（こうぞ）とマ（麻）をこの川の水に漬けて、皮を剥ぎ衣料として製織したためだという。登山口にある友内神社の祭神は天日鷲命《あめのひわしのみこと》で、明治初年にはこの神社に祈願すれば徴兵義務を免れるという神話が生まれ、参拝者も多かった。

かつては国道沿いの川見津《かわみづ》から生活道を兼ねた友内神社への参拝道があったが、過疎化と高齢化で歩く人もなくなり、今では草に埋もれつつある。

このため、ここでは**友内神社**を登山口として紹介しよう。神社の

■**鉄道・バス**
往路・復路＝JR貞光駅からタクシー利用となる。
■**マイカー**
徳島自動車道美馬ICを降り、国道438号を南に進み、吉野川にかかる美馬橋を渡り左折、つるぎ町貞光に入ったら剣山方面に進み、7キロほど行くと道路左に端山郵便局があり、その奥50メートルから左に上がる車道（長瀬林道）を進むと、約7キロで登山口の友内神社に出る。神社にはトイレと駐車場がある。また、国道192号沿いの道の駅「貞光ゆうゆう館」もトイレ休憩などに利用できる。
■**登山適期**
一年を通じて登れるが、梅雨と夏草が茂る時は避けた方がよい。月見ハイキングは2月初旬がよい。

貞光川をはさんだ志貴岳から望む友内山。左後方は高越山

CHECK POINT

林道からの登山口。神社からは右手奥のガードレールに出てくる

登山道途中にある大木

第二休憩所手前にある友内神社県行造林の標識。ここを上に登る

友内山山頂にある友内神社の奥の院。裏に三角点がある

友内山山頂にある3等三角点と標識

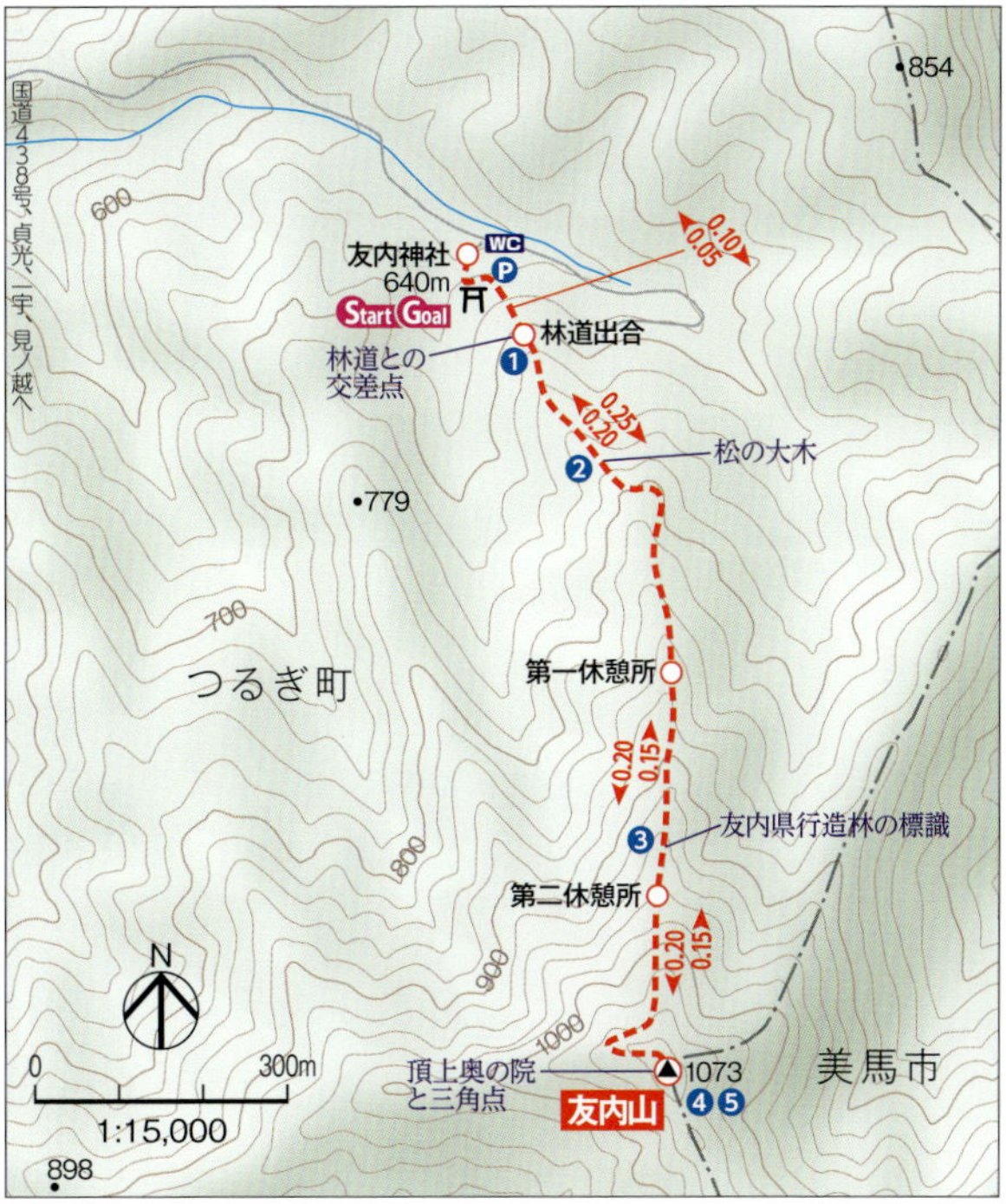

右手に「友内山登山道」の標識があり、登りはじめから急坂で、約10分歩くと神社横からのびる**林道**に出合う。正面左にコンクリートでつくられた階段を登ると、また登山道に出る。少し歩くと松の大木が迎えてくれる。

第一休憩所手前で少し緩やかになるが、急坂が続く。そこから北西方面が眺められる。さらに約20分歩くと2番目の**休憩所**に着く。

小休止したら、最後の急な登りに取りかかろう。うっすらと茂る樹林帯の中を20分も登れば**友内山**の頂上に着く。三角点は奥の院の裏にある。

下山は同じコースをたどる。（板谷 章）

■アドバイス

▽友内山の表記については、正式に決まっていないので、地元でのよび名にしたがった。

▽川見橋コースからの登山は落石と倒木で足もとが悪く、廃道に近い状態で危険なので避けたい。また、八丁坂バス停から川見集落へ上がる道も歩く人がなく、荒れ放題で道がわからない。

▽下山後はぜひ剣山木綿麻温泉（☎0883・62・5500）で汗を流したい。つるぎ町営で、月曜定休。場所は長瀬林道に入ってからすぐのところ。

■問合せ先

つるぎ町役場商工観光課☎0883・62・3114、つるぎの宿岩戸☎0883・67・2826、貞光タクシー☎0883・62・3166

■2万5000分ノ1地形図

阿波古見

12

八面山

やつらさん　1312m

剣山山系の展望を誇る歴史ある信仰の山

日帰り

歩行時間＝5時間25分
歩行距離＝11.1km

技術度 2/5
体力度 2/5

コース定数	＝23
標高差	＝263m
累積標高差	上り 956m
	下り 956m

↑つるぎ町一宇久藪付近から見た八面山

←八面山山頂から綱付山方面を望む

　八面山は、東西に長くのびている四国山地の主峰・剣山《つるぎさん》に連なる山脈の北側に位置し、ひとつの山塊の盟主になっている。剣山から眺めると、見下ろす山並みの一部にすぎず目立たないが、八面山から眺めると、剣山系のそびえたつ迫力はあこがれの山容であり、その展望台となっている。八面山の特徴は、山域の多くが杉、桧の人工林で占められ、一部自然林も混在し、自然のいやしを醸し出している。

　ここでは林道を利用し、稜線までいっきに高度を上げ、稜線歩きを楽しみながら山頂に立つコースを紹介しよう。

　麓の国道から杖立《つえたて》林道に入り、稜線の**杖立峠**に出る。起点となる峠から、南に下るとすぐに右に分かれる未舗装の林道が、西に向かって稜線沿いにのびている。峠に車を置いて歩いてもよいが、歩行距離を節約するなら、終点のあずまやまで車を入れよう。整備はされていないが、終点で数台の駐車は可能だ。なお、林道は倒木も多く、一部轍が深くなっている箇所もあり、車種によっては進入を避けた方がよい。

■**鉄道・バス**
往路・復路＝JR徳島線穴吹駅からタクシー利用となる。

■**マイカー**
徳島自動車道脇町ICから国道193号を経て国道492号に入り、美馬市穴吹町口宮で国道と分かれ、南に林道杖立線に入って杖立峠へ。峠に駐車してもよいし、さらに西に未舗装の林道を走り、終点に駐車してもよい。また、徳島市から国道438号を行き、美馬市木屋平谷口から林道太合実平線、林道杖立線を経由して杖立峠に行くこともできる。

■**登山適期**
剣山に比べると、アプローチが短く、一年を通じて登れるが、やはり3～5月、9～11月の春秋がおすすめ。冬期は20～30㌢程度の積雪の可能性があり、登山者も少ないため、冬山の経験と万全の装備が必要。また、積雪のため、杖立峠への林道が使えないことがあり、この場合は奥大野コースの利用が安全。

■**アドバイス**
▽比較的登山者が少ないコースのひとつであり、指導標はあるものの数は少ない。また、道がわかりにくい箇所もあり、読図技術は不可欠。
▽下山後はぜひ大桜温泉で汗を流したい。美馬市営で月曜定休。

■**問合せ先**
美馬市役所観光課☎0883・52・

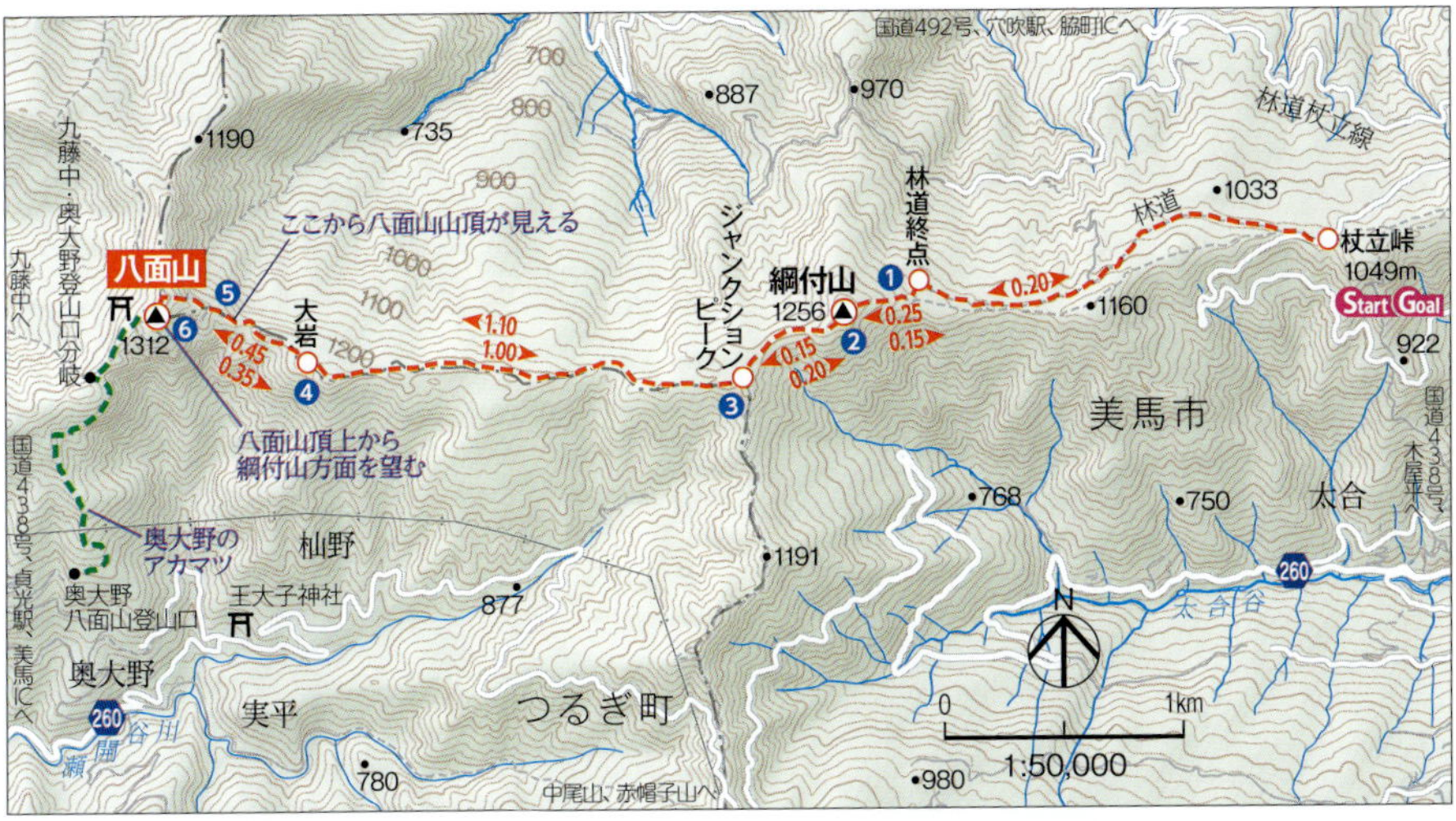

林道終点から、登山道になり、斜面を登っていくと稜線に出て、やがて**綱付山**《つなつけやま》の頂上に出る。少し下りさらに進むと、八面山に連なる稜線から保賀山《ほがやま》峠を経て、中尾山《なこやま》、赤帽《あかぼう》子山《しやま》に連なる稜線との**ジャンクションピーク**に着く。

八面山を正面に見ながら下っていくと林道に出る。林道は、稜線北側をしばらく並走するので、これを歩いてもよい。林道が途切れたら再び稜線に戻るが、踏跡がやや不明瞭になるので、稜線をはずさないように気をつけたい。

アップダウンを繰り返すと**大岩**に出る。左（南）側から巻き、稜線に戻る。ここをすぎるといよいよ最後の急登だ。地面がむき出しになり、崩れやすく、すべりやすいので充分に注意したい。

息を切らせて登ると、ようやく頂上北側の稜線に出る。左に行くとすぐ**八面山**頂上だ。ひときわ高い山頂は、天空から見下ろすかのような居心地のよさがある。東に綱付山、正善山《しょうぜんやま》への稜線、ピラミダルな東宮山《とうぐうさん》、焼山寺山《しょうさんじさん》、南に中尾山、赤帽子山、丸笹山《まるささやま》、その奥に剣山を遠望する。西には、木々の隙間から矢筈山《やはずやま》が望める。

下山は往路を戻る。（加地幹夫）

5610、つるぎ町役場商工観光課☎0883・62・3114、つるぎの宿岩戸☎0883・67・2826、つるぎの湯大桜☎0883・68・2424、貞光タクシー☎0883・62・3166

■2万5000分ノ1地形図
阿波古見・剣山

CHECK POINT

林道終点の綱付山登山口

木立の中の綱付山山頂

ジャンクションピーク。中尾山、赤帽子山の稜線が分岐

大岩は左から巻いていく

最後の急登の手前から見る八面山

八面山山頂。剣山山系の展望がすばらしい

13

豊かな自然林と苔の群生がすばらしい山

雲早山

くもそうやま（くもさやま）
1496m

日帰り

歩行時間＝2時間10分
歩行距離＝3・0km

技術度
体力度

コース定数＝**9**
標高差＝393m
累積標高差 380m 380m

↑高丸山から見た雲早山

雲早山一帯は、その名が示すように、雲が早く流れ、県下でも有数の多雨地帯として知られる。山頂には雨乞いの神である雲早神社の社がある。高城山《たかしろやま》（58㌻）、高丸《たかまる》山《やま》（64㌻）と並んで「勝浦《かつうら》三山」と称され、徳島の登山愛好者の間では、比較的その名が知られる山である。鮎喰《あくい》川、勝浦川、那賀川の三河川の分水嶺となる重要な位置を占めている山でもある。

かつては、神通《じんつう》ノ滝登山口から土須《とす》峠を経由し、3時間30分以上を要して山頂に立ったが、近年剣《つるぎ》山《さん》スーパー林道の開通により、土須峠近くの登山口から、約1時間10分で山頂に立つことができる比較的身近な山となった。アプローチは公共の交通機関がなく、マイカーに頼らざるを得ない。

登山口から雲早神社の鳥居をくぐり、沢の左岸に沿って登っていく。渓流沿いには苔の群落があり、ブナやカエデなどの広葉樹とマッチし、すばらしい景観を呈している。

沢を渡ると作業小屋跡で、現在はベンチもあり、休憩ポイントとなっている。ここから右岸につけられた登山道を進む。雨天時などすべりやすい箇所もあるので、慎重に歩を進めよう。

傾斜がやや緩くなり、ブナやヒメシャラの大木が目につくようになると、苔に覆われた山肌が現れ、短い急坂を登ると稜線に出る。**分岐**となっていて、左は高丸山への縦走路、雲早山へは右を行く。

緩やかな尾根道を歩くこと20分で、**雲早山**頂上に到着。山頂には雲早神社が建つ。展望はすばらし

←登山道脇の苔群落

■**鉄道・バス**
往路・復路＝公共交通機関利用でのアクセスは難しいため、マイカー利用が一般的。

■**マイカー**
徳島市からは、国道439号を鮎喰川に沿って遡り、神山町上分川又から国道193号に入る。土須峠の雲早トンネルを抜けたら、剣山スーパー林道を左へ。神通谷川の上流にかかる橋に雲早山登山口の標識がある。

■**登山時期**
4月下旬の新緑ごろから11月初旬の紅葉の時期までがよい。なお、4月初旬でも積雪を見ることがあるので、防寒対策は充分に。神山町から那賀町木沢の間の国道193号は冬期閉鎖となるので要注意。また、雲早ト

く、東方面に縦走路の先に勝浦三山のひとつである高丸山、西方面には高城山も展望でき、いつまでも眺めていたい気持ちになる。

下山は往路を引き返すのが一般的だが、シャクナゲの咲く5月中旬はシャクナゲ尾根を下るのも楽しい。なお、道は一般的な登山道と比べて、やや不明瞭な箇所があり、傾斜も急なため、山慣れた経験者と同行するのが望ましい。

（岸上 務）

CHECK POINT

1 登山口。すぐ先に鳥居がある

2 苔が美しい沢沿いの登山道

3 ベンチのある休憩所

4 高丸山と雲早山を分ける分岐

5 山頂へ通じる稜線を行く

6 展望に恵まれた雲早山山頂

ンネル付近は落石の危険があるので、悪天候時は走行にも注意が必要。

■アドバイス

▽往復2時間程度の行程なので、自然観察や写真撮影などプラスアルファの楽しみをもって、ゆっくりと山登りを楽しもう。

▽熟練者には、勝浦三山のひとつである高丸山からの縦走もまた楽しい。

▽雲早トンネルから神山側へ3㌔ほど下ったところに岳人の森があり、シャクナゲやヒメシャガなど自生する希少な高山植物を鑑賞できる。

▽神山町には「日本の滝100選」のひとつ、雨乞いノ滝がある。四季を通じて渓谷の自然がすばらしく、多くのハイカーが鑑賞に訪れている。登山口から東の神山町寄井まで行ったら標識にしたがい、高根谷沿いの町道を車で約8分、駐車場から徒歩約15分。また、神通谷川上流にある神通ノ滝も、雨乞いノ滝と並び称される神山町を代表する名瀑だ。登山口からの帰路、大中尾をすぎ、中津集落から林道神通線に入り、終点の駐車場に車を停めて徒歩約20分。

▽立ち寄りの温泉は、神山温泉（☎088・676・1117）など。

■問合せ先

神山町役場☎088・676・1111

■2万5000分ノ1地形図

雲早山・阿波寄井

14 高城山

レーダードームが目印。ブナの原生林が残る山

たかしろやま
1628m（最高点＝1632m）

日帰り

歩行時間＝3時間20分
歩行距離＝6・9km

技術度
体力度

コース定数＝16
標高差＝332m
累積標高差 773m 773m

高城山全景

南高城から見たレーダードーム

高城山は剣山《つるぎさん》の東北東に位置する。雲早山《くもそうやま》、高丸山《たかまるやま》とともに、「勝《かつ》浦《うら》三山」とよばれているが、「ブナやシイ、ナラの広がる広葉樹の森とシロヤシオ」といわれてすぐ思い浮かぶのが、この高城山だ。また、積雪でほかの山々より際立って白く見えることから「高白山」とよばれていたことが名前の由来になったように、初冬からはダイヤモンドのような樹氷が美しく山を染める。

総延長約87・7キロという日本一の長さを誇る未舗装道である剣山スーパー林道が山裾をめぐり、オフロードライダーの姿も多く見かける。登山コース全般にわたってよく整備されているし、時間的にも手軽に楽しめる山だが、登山口にあるファガスの森・高城で情報を得て行くのがよいだろう。

登山口は、**ファガスの森・高城**の一角にある。本館の前に駐車し、建物左奥の「高城山登山口約1・5キロ」と書かれた登山口から登りはじめる。ヒメシャラやツツジの広がる森の中を登っていくと小ピークに出る。足もとが少しわかりづらい場所もあるが、トラロープが誘導してくれる。

第一コルでいったん林道に出るが、「高城頂上」の道標にしたがって進む。心地よいブナの原生林を抜けながら右方向に高城山北西斜面の崩壊箇所が見えてくると山頂

■**鉄道・バス**
往路・復路＝公共交通機関利用でのアクセスは難しいため、マイカー利用が一般的。

■**マイカー**
徳島市より車で約2時間30分。国道438号を西に進み、神山町上分から国道193号を南下し、剣山スーパー林道雲早口から約7キロ西に入る。国道195号から193号に入り、那賀町役場木沢支所前を通ってスーパー林道に入ることもできる。登山口にあるファガスの森・高城に駐車可能。

■**登山時期**
4月初旬〜11月下旬が適期で、シャクナゲやアケボノツツジ、南高城のシロヤシオの咲く5月中旬〜下旬がベスト。紅葉の時期も美しい。11月以降は樹氷が楽しめるが、剣山スーパー林道は冬期（12〜3月）全面通行止めになるので注意。

■**アドバイス**
▽剣山スーパー林道はほぼ未舗装。崩壊による通行止めもあるので、事前に確認のこと。
▽ファガスの森・高城は休憩宿泊施設で、軽食をとることができ、バンガローやテント場も併設されている。
▽スーパー林道雲早口から国道193号を南下し、四季美谷温泉（宿泊・日帰り入浴可）で汗を流して帰ることができる。

CHECK POINT

1 ファガスの森・高城。左奥に登山口がある

2 山道からいったん林道に出る

3 2等三角点のある高城山頂。木々の間から南西方向が望める

4 レーダー雨量測候所のドームとモノレール

5 標識のある南尾根登山口

も近い。

直下の急登を15分ほど登りきると、2等三角点のある**高城山**山頂に飛び出す。山頂からは、海部《かいふ》山系や剣山系の山々を望むことができる。

下山は、レーダー雨量測候所を目指して進もう。**レーダードーム**近くには管理用のモノレールが下からのびてきているが、膝丈ほどのササ原の尾根道を忠実に下りていくと、スーパー林道沿いにある**南尾根登山口**に出る。南尾根登山口からスーパー林道をはさんだ南側のピークが南高城（通称）だ。花の時期にはシロヤシオが美しい。

帰りはスーパー林道を1時間ほど歩いて、**ファガスの森・高城**まで帰ろう。途中には眺望がきく「徳島のへそ」があり、雲早山、高丸山とも対面できる。　（吉原美和）

■問合せ先
那賀町木沢支所☎0884・65・2111、ファガスの森・高城☎090・1578・3029（平井）、四季美谷温泉☎0884・65・2116

■2万5000分ノ1地形図
谷口

15

日帰り

樫戸丸

オオヤマレンゲの咲く、秀麗な無名峰

かしどまる
1566m

歩行時間＝2時間
歩行距離＝3・4km

技術度
体力度

コース定数	＝8
標高差	＝228m
累積標高差	363m / 363m

↑風の広場から見た樫戸丸

←徳島県の絶滅危惧Ⅱ類に指定されているオオヤマレンゲ。見どころのひとつだが、保護区域には決して立ち入らないように心がけよう

樫戸丸は、1500～1600《メートル》級の山が連なる四国山脈主稜の中では話題に上がることも少なく、また、国土地理院の地形図にも山名の記載がないなど、目立たない山だが、端正なシルエットをもつ美しい山でもある。かつては「串《しん》太郎山《たろうやま》」ともよばれていたが、現在は三角点の名前で表記されることが多い。

徳島市から国道438号を西へ向かう。川又《かわまた》で「土須《とす》峠」の標識にしたがい国道193号へ入る。カーブが連続する山道を通り、雲《くも》早《そう》トンネルを抜けると、じきに「剣《つるぎ》山《さん》スーパー林道」の標識が現れる。未舗装の林道を1時間ほど走ると、左手が大きく開ける。**風の広場**だ。駐車スペースには事欠かないがトイレはない。樫戸丸登山口

■鉄道・バス
往路・復路＝公共交通機関利用でのアクセスは難しいため、マイカー利用が一般的。

■マイカー
剣山スーパー林道入口までは徳島市内から2時間ほどかかる。スーパー林道は不通となっている場合もあるため、事前に問合せのこと。また、川成峠へは、林道木屋平木沢線を使って、美馬市木屋平、那賀町川成からもアプローチできる。道もほとんどが舗装されているため、スーパー林道より走りやすいかもしれない。

■登山適期
剣山スーパー林道が12月から3月まで閉鎖されるため、紹介のコースを行く場合はそれ以外の時期となる。4月下旬からの新緑、5月からの花の時期や紅葉の10～11月がおすすめ。

■アドバイス
▽徳島県でも奥深い山域のひとつであるため、事故などの非常事態への備えは充分にしておくこと。
▽山頂から川成峠へも下ることができる。道はかなり急だが、往路とは違う風景を楽しめる。風の広場へは、スーパー林道を戻る。
▽樫戸丸を含む剣山南面地域（徳島県那賀町）の山々は、南つるぎ活性化評議会が定期的に山行ツアーを開催している。アクセスが難しいと感じたら申し込んでみるとよい。

はこの広場の奥にある。

登山道は明瞭だが、落葉や積雪の季節には見えなくなるおそれもある。しかし、基本的には尾根筋を山頂までたどるコースなので、地形をよく見ながら登れば道迷いの危険は少ない。登山道沿いにはテープも貼られている。

登山口からすぐに小さなピーク（というより出っ張り）を越え、南西へ続く尾根を緩やかに登る。かつてはスズタケが茂り、やぶこぎを強いられた尾根道も今は快適な登山道となっている。ブナが点在する樹林帯の中を20分ほどだらだら登ると道は平坦となり、登山道はやや南向きへと方向を変える。10分ほど歩くと山頂は目前に迫り、最後の登りが待っている。

樫戸丸山頂までいっきに登りつめると大展望が広がり、特に南東の剣山系の展望がすばらしい。季節には山頂直下でオオヤマレンゲも咲くが、徳島県では絶滅の危険性が高い危急種（絶滅危惧Ⅱ類）に指定されているため、ネットで保護されている。立ち入らないよう気をつけたい。

下山は往路を下る。

（佐藤 豪）

▽スーパー林道入口から国道193号を南下、県道16号を左折すると月ヶ谷温泉があり、立ち寄り入浴のほか宿泊もできる。

■問合せ先
那賀町役場木沢支所☎0884・65・2111、美馬市役所木屋平総合支所☎0883・68・2111、南つるぎ地域活性化評議会事務局☎090・1578・3029（平井滋）、月ヶ谷温泉☎0885・46・0203

■2万5000分ノ1地形図
谷口

CHECK POINT

1 風の広場からスタートする

2 広場の奥に、樫戸丸登山口の標識がある

3 ブナが点在する樹林帯の中を登っていく

4 山頂直下はジグザグの急登

5 登ってきた尾根を振り返る

6 樫戸丸山頂。東側の眺めがよい

16

天神丸

剣山スーパー林道から登るファミリーハイキング

日帰り

てんじんまる
1632m

歩行時間＝1時間30分
歩行距離＝2・0㎞

技術度 1/5
体力度 1/5

コース定数＝6
標高差＝233m
累積標高差 ↗260m ↘260m

↑1556メートルピークから天神丸山頂を望む。山頂部はササ原になっている

←天神丸から見た天神丸尾根

天神丸は、剣山《つるぎさん》から中津峰山《なかつみねさん》まで連なる四国山地の脊梁の一峰である。剣山や一《いち》ノ森《もり》から東方に見える天神丸の姿は、どっしりとして安定感がある。徳島からは国道438号で神山《かみやま》へ入り、川又《かわまた》の「スーパー林道土須《とす》峠」の道路標識にしたがって国道193号を約20分走ると岳人の森があり、まもなく雲早《くもそう》トンネルをくぐる。トンネル出口を右へ行き、しばらく下るとスーパー林道分岐となる。未舗装の林道を行き、高城山登山口を経て40分ほど走ると天神丸登山口（東側）に着く。

登山コースは、昔からのコースとして、麓の弓道《ゆどう》から当野石《とうのいし》峠を経由して天神丸にいたる難コースもあるが、現在はスーパー林道が天神丸の南面を巻いて走っており、東側から登るファミリーコースと、東側から登り、西側の日奈《ひな》田《た》峠より下りるコースが知られている。東側のファミリーコースを歩き、高山の雰囲気を楽しんでもらいたい。

スーパー林道脇に大きな案内板

■鉄道・バス
往路・復路＝最寄りバス停から登山口までは距離があり、公共交通機関の利用は難しい。

■マイカー
徳島市街から国道438号、193号、県道253号、県道295号、スーパー林道などで約80キロ。

■登山シーズン
4～11月が適期。この期間以外はスーパー林道が閉鎖されるので不適。特に紅葉シーズンが最高。燃え立つような山々の彩りを眺めながらドライブとハイキングを楽しむのは格別。

■アドバイス
天神丸だけでは少しもの足りないハイカーは、高城山を併せて2つの山を登る計画をたててもよい。

■問合せ先
那賀町役場木沢支所☎0884・65・2111、四季美谷温泉☎0884・65・2116

■2万5000分ノ地形図
谷口

があるところが**登山口**だ。ベンチも用意されているのですぐにわかる。6～7台の駐車スペースがある。

案内にしたがって、ダケカンバの林を上がっていけば15分弱で稜線に出る。崖沿いに木屋平《こやだいら》方面を望む**展望所**があり、深い谷を隔てて中尾山《なこやま》、赤帽子山《あかぼうしやま》が望める。南西方向にピークを目指すと、30分ほどで10人あまりが休める**天神丸**山頂に立つ。樹木が葉を落としている時期は一ノ森方面を見ることができる。

下山は、往路を下ると40分ほどで**登山口**に着く。

（椎葉勝人）

サブコース

日奈田峠コース

どこの登山道ともササやカヤのやぶに悪戦苦闘の連続で、困難な山登りだったが、ここ十数年前からシカの繁殖がひどく、やぶ漕ぎが必要なくなり、背の低いササ原となり、歩きやすくなっている。日奈田峠からのコースも、見違えるほどササ原の登山道となっている。傾斜のある平面の場所は注意して、尾根に近い場所を確認しながら登っていこう。急な下りや足場の悪い岩場は慎重に通過すること。

時間と体力に余裕があれば、ファミリーコースと日奈田コースの縦走を体験するとよい。

↑日奈田峠から望む天神丸

←近年歩きやすくなった縦走路

歩行時間：3時間10分
歩行距離：3.5キロ
累積標高差：＋315メートル　－315メートル

CHECK POINT

稜線に出ると崖沿いに展望所があり、中尾山や赤帽子山が見える

天神丸山頂。展望は樹間からとなる

17

四国山地東方に位置するブナの天然林の山

高丸山

たかまるやま
1439m

日帰り

歩行時間＝2時間10分
歩行距離＝3・5km

技術度

体力度

コース定数＝**9**

標高差＝387m

累積標高差 ↗420m ↘420m

みごとなブナの原生林が分布する

林道生実八重地線より高丸山を望む

　高丸山は勝浦《かつうら》川最上流部の勝浦郡上勝《かみかつ》町と那賀《なか》郡那賀町の境界線上に位置するピークだが、その秀麗な山容は徳島市内からも見ることができる。また、標高1200メートル付近に分布するブナの原生林は、徳島市から最も身近にアプローチできる自然林である。車なら徳島市から勝浦川に沿って県道を約1時間走ると上勝町役場に、さらに45分ぐらい走ると、標高約1000メートルの**千年の森広場**に到着する。研修棟やバイオトイレ、駐車場が整備されており、ここが登山の起点となっている。

　千年の森広場から階段を登り、林道を横切って高丸山登山道に入る。登りはじめはコンクリート舗装の道だが、5分ほど歩くと舗装が途切れる。そこから先は高丸山自然環境保全地域や鳥獣保護区特別保護地区に指定され、大切に保全されている。植生はトチノキやミズメをはじめ、コハウチワカエデなどが自生し、秋には紅葉が美しい。さらに15分ほど歩くと**水飲み場**に到着する。このあたりからブナの大木を正面に見ることができる。

　この先で道は二手に分かれるが、ここは、左側の三《み》つ尾《お》の峠に向かう道を行く。周辺はシカによる食害が顕著だが、食害を受けなかったフタリシズカの群落が広が

■鉄道・バス

往路・復路＝JR徳島駅より徳島バス勝浦線と上勝町営バス（横瀬西乗換え）約2時間で高丸山山麓の八重地へ。有償ボランティアタクシー（予約先＝ひだまり☎090・7627・4455）を利用して約20分で千年の森広場に到着する。

■マイカー

国道55号を勝浦川橋まで走り、県道16号（徳島上那賀線）に入って西の上勝町方面に向かい、約50分で上勝町役場に到着する。さらに那賀町方面に西進し「高丸山登山口」の標識から林道生実八重地線に入り、45分で千年の森広場に到着する。

■登山適期

四季を通して登山は可能だが、冬期はかなりの積雪量があり、道路も凍結するので、おすすめできない。ブナなどの新緑とアケボノツツジなどの花が美しい5～7月と、紅葉の鮮やかな10、11月がよい。

■アドバイス

▽水場は1箇所しかなく長丁場なので、水は充分準備しておくこと。

▽希少な植物群落が多いので、歩道からはずれて踏み荒らすのは厳禁。

▽無人の高丸山荘は避難小屋として利用できる。

▽頂上直下の登山道は急傾斜で、すべりやすいので足もとに注意しよう。

▽上勝町旭の千年の森ふれあい館

る。

再び杉の植林地の中を歩くと、正面にシラカバなどの植栽された平坦地に出る。ここが**三つ尾の峠**だ。道が二手に分かれ、左手方面に行けば西三子山に向かう縦走路となるが、ここは右手方向に進もう。アセビやシロモジなど低木の続く中を登り続けると、火の用心の看板がある展望場所に着く。

一服したあと、さらに急登となるので、一歩一歩踏みしめて登り続けると三角点のある**高丸山**山頂に到着する。石仏とダルマ型の記念石碑が鎮座し、展望はすばらしく、剣山山系の山々から紀伊《きい》水道まで見わたすことができる。

下山は北東方面への尾根を下り、アケボノツツジやアセビなどの樹林地を下れば**旗立て**に到着する。さらに杉や桧の人工林の中を下れば無人の小屋、**高丸山荘**だ。この付近はブナ、ミズメ、ケヤキ、モミ、ツガの天然林の群落がすばらしい景観を形成している。

天然林の高木の中を行くと、やがて往路に合流し、**水飲み場**をすぎて15分ほどで**千年の森広場**に戻る。

（片山博之）

CHECK POINT

高丸山登山口。しばらくは整備された広い歩道を歩く

水場。夏には緑陰の中、渇いたのどをうるおしてくれる

三つ尾の峠。高丸山方面と西三子山方面への分岐で平坦な場所。ここから先は急登が続くので、ゆっくりと休んでいきたい

高丸山頂上。石仏とダルマ型の石碑が鎮座。剣山山系から紀伊水道までの展望がすばらしい

下山途上にある旗立て。ここからは杉の人工林区域に入る

高丸山荘。無人で避難小屋としての利用のみ可能

は、高丸山周辺の自然観察の資料展示があり、参考になる。また（一社）かみかつ里山倶楽部による森林の体験プログラムも実施。

▽下山後の入浴は月ヶ谷温泉（☎0885・46・0203）がある。

■**問合せ先**

上勝町役場☎0885・46・0111（町営バスも）、徳島バス☎088・622・1811、千年の森ふれあい館☎0885・44・6680

■**2万5000図ノ1地形図**

雲早山

18 県下随一の苔の名所
山犬嶽

やまいぬだけ
997m

日帰り

歩行時間＝3時間45分
歩行距離＝7・1㎞

技術度 ■■□□□
体力度 ■□□□□

コース定数＝17
標高差＝497m
累積標高差 ↗739m ↘739m

現在の山犬嶽は、元禄14（1701）年の大崩落により形づくられたもので、崩壊地は山犬嶽の南側斜面にあり、崩れ落ちた多数の巨岩が奇勝をなしていて、苔の名所として有名だ。

日本庭園を思わせる苔の道をたどって山頂へ

上勝《かみかつ》町の県道16号から少し入ったところに日本の棚田百選に認定された「樫原《かしはら》の棚田」があり、その**駐車場**が山犬嶽への出発点ともなる。約2キロの車道歩きの途中に「樫原の棚田」があるので、その景観を見ながら歩いていこう。

林道を峠まで登りつめると、山犬嶽と「三体の月」伝承の秋葉《あきば》神社の案内板があるので左折する。車道の終点に民家があり、りっぱな案内板のところが**登山口**だ。すぐに、シカやイノシシの進入を防ぐ網が張られているので、扉を開閉して通る。道は下のハイキングコースと参道および「苔の名所」への道に分かれるので、まっすぐ参道に進む。

しばらく植林の中を進むと、再び参道とハイキングコースに分かれるので、ハイキングコースを選ぶ。苔むした登山道を歩きながら、日本庭園風の景色を楽しもう。途中にはミニ四国八十八箇所があるので、確認しながらのハイキングも楽しい。「水苔の見所」などの案内板も整備されていて、撮影スポットも多数ある。

しばらく進むと下のハイキングコースと合流し、さらに進んで苔が少なくなり、急登になってくると参道が分岐する。あとは階段状の登山道を登ると**東光寺**に着く。境内のあずまやの先にトイレがあり、さらに進んで、ミニ四国八十八箇所2～3番の案内板のあるところから踏跡が上に続いている。

尾根をまっすぐ登っていくと、石灰岩の白っぽい岩が多くなり、小さな社が見えてくる。社には役行者と前鬼・後鬼の石像があり、山岳信仰の名残りを感じることができる。社の裏に**山犬嶽**山頂の三角点がある。

下山は体力が残っていれば、下

■鉄道・バス
往路・復路＝JR徳島駅から徳島バス勝浦線横瀬西行きに乗り、終点下車。上勝町営バスに乗り換えて神田（じでん）バス停で下車。徒歩約1時間30分で登山口。途中、愛宕神社から山道を通ると近いが、シカ除けネットがあるので、通った場合はもとに戻しておこう。

■マイカー
徳島市街から国道192号、55号、県道16号（徳島上那賀線）を上勝町へ入り、役場をすぎて旭集落に入る直前に「樫原の棚田」への案内板にしたがって右折。道は急坂で、途中車1台がやっと通れるほどの道幅になる。黒松寺を右に見ながら進むと久保からの道と合流し、大きく左に回ったところに「山犬嶽・樫原の棚田専用駐車場」がある。

■登山シーズン
春、夏がシーズン。梅雨時から夏にかけては苔の色が濃くなり、晴天でなくても楽しめる山として重宝されている。

■アドバイス

CHECK POINT

樫原の棚田を見ながら登山口へ

林道終点の登山口。案内板が立っている

東光寺から案内にしたがって山頂へ

樹林に囲まれた山犬嶽山頂

のハイキングコースを選んでみよう。途中に展望のきく大きな**見晴岩**があり、山頂を望むことができる。大岩を回りこんで岩の隙間をくぐり抜けると、岩の下が洞窟のようになっていて、金刀比羅宮が祀られている。

さらに下ると山犬嶽の解説板があり、植林の道をそのまま進むと**登山口**にたどり着く。（内藤克明）

▽樫原の棚田は平成11年「日本の棚田百選」に認定され、平成22年には徳島県ではじめて「国の重要文化的景観」に認定された。棚田のあぜの形状は曲線で、等高線があぜの形状になっており、美しい風景を形づくっている。

▽ミニ四国八十八箇所が祠やお地蔵さんとして配置され、その足もとに八十八箇所の各札所の境内から収集された砂が埋められている。山犬嶽のミニ四国八十八箇所には、足をかたどった足置きが作られている。

▽月ヶ谷温泉の源泉は、弘法大師がこの地で修行をしている時に伝え広げたとされ、冷暖房付きのバンガローや、キャンプ場も整備されている。

▽千年の森ふれあい館が管理する「高丸山千年の森」は、県が設置した森と人をつなぐ交流拠点。千年の森ふれあい館では体験作業所やレクチャールームがある。

▽山の楽校・自然の宿あさひは、旧旭小学校を利用した体験型宿泊施設。

■問合せ先
上勝町役場☎0885・46・0111（町営バスも）、月ヶ谷温泉☎0885・46・0203、千年の森ふれあい館☎0885・44・6680、山の楽校・自然の宿あさひ☎0885・46・0249

■2万5000分ノ1地形図
阿井

19

絶滅寸前のかつてのフクジュソウ群生地

西三子山

にしみねやま　1349m

日帰り

歩行時間＝3時間55分
歩行距離＝6・4㎞

技術度

体力度

コース定数＝18	
標高差＝506m	
累積標高差	↗ 820m
	↘ 820m

↑登山道から見た西三子山

←山頂より雲早山を望む

西三子山は那賀《なか》町に位置する徳島中部山系のひとつであり、近接する高丸山《たかまるやま》、雲早山《くもそうやま》からその秀麗な山容を望むことができる。山頂は石灰岩が露出しており、視界をさえぎる樹木が少ないため、眺望がよい。かつては徳島県随一のフクジュソウ群生地として知られているが、現在は保護ネットで囲まれたわずかな範囲に1～数輪が確認できるのみだ。高丸山から縦走することも可能だが、ここでは一般的な八重地《やえち》トンネル西側から登るルートを紹介しよう。

マイカーなら、上勝《かみかつ》町から県道16号の八重地トンネルを西へ抜け、10分ほど下った川沿いに数台停められるスペースがある。川沿いの**登山口**から歩きにくい石場を数メートル登ると、すぐに歩きやすい自然林の登山道になる。

谷を渡るとやや急な斜面をつづら折りにしばらく登る。標高1050㍍付近から斜面を横切って進

■鉄道・バス

往路・復路＝利用できる公共交通機関はない。

■マイカー

徳島市街からは、国道192号、55号、県道16号で約54㌔で登山口。所要約1時間50分。降雪期は八重地トンネル付近で凍結のため通行止めになることがある。

■登山シーズン

春、秋がシーズン。通年登ることができるが、真夏はおすすめしない。希少なフクジュソウの花を探すなら3月中・下旬がよい。紅葉は11月上中旬がよい。

■アドバイス

▽水場はないので、充分準備しておくこと。

▽後山峠から高丸山に向かう場合は尾根をたどること。高丸山方面の林道は途中崩落している。

▽群生地に立ち寄る場合は標識③から山腹北側の植林地帯に進むが、道は荒れており、わかりにくく歩きにくい。山頂から西へのびる尾根を回ったところで山頂への案内標識がある。フクジュソウの保護ネットが数箇所に設置されているので、春先には花を探してみてもよい。

▽下山後には那賀町の四季美谷温泉や上勝町の月ヶ谷温泉で疲れをいやすとよい。どちらの施設も宿泊ができ、併設のレストランで地元の食材

CHECK POINT

谷川左側の登山口

後山峠の案内標識

フウジュソウ群生地を示す案内板。群生地への道は荒れている

展望のよい西三子山の山頂

むと、途中の樹林の切れ間から西三子山の美しい姿を望むことができる。トラバース道はところどころ崩れかけている箇所があるので慎重に進むこと。そのまま緩やかに登っていくと、周囲が開けた**後山峠**に到着し、高丸山からのびる尾根筋と合流する。周りは広葉樹の自然林に囲まれて風がよく通り、休憩するのにちょうどよい。

標識にしたがって尾根筋を登っていくと、まもなく鉄塔88に到着する。鉄塔90周辺のフクジュソウ群生地を示す標識があるが、そちらには寄らずに西三子山を目指す。途中に再び群生地への分岐を示す標識があるが、群生地への道は荒れており、フクジュソウもほぼ見られないため、ここもそのまま西三子山山頂へ進む。

植林地と自然林の境界を登ると山頂が近づくにつれ石灰岩が露出し、やや足場が悪くなる。登り着いた**西三子山**頂上からは、雲早山～高丸山の縦走路などが一望でき、遠くまで展望が開ける。

下山は往路を下るが、山頂直下は登山道が不明瞭なので、下山方向を誤らないよう注意したい。20分ほど歩くと先ほどの群生地への分岐に着く。その後も往路を戻ることになる。

（平尾真麻）

を使用した料理を楽しめる。

■問合せ先

那賀町役場木沢支所☎0884・65・2111、四季美谷温泉☎0884・65・2116（休業中）、月ヶ谷温泉☎0885・46・0203

■2万5000分ノ1地形図

雲早山

20 地形図に記載のない旧上那賀町の最高峰

青ノ塔

あおのとう
1433m

日帰り

歩行時間＝4時間5分
歩行距離＝4・5km

技術度

体力度

コース定数＝17

標高差＝803m

累積標高差 ↗785m ↘785m

青ノ塔は那賀《なか》郡那賀町の最高峰で、1433㍍の山にもかかわらず、国土地理院の地形図には山名が記載されていない。基準点名は「青ノ峠」となっているが、青ノ峠は地元では青ノ塔から西に下った最初の峠を指す。この山の特徴をひとことでいえば、「急登につぐ急登の山」である。山頂からの展望は最近までクマザサが生い茂り、あまりよくなかったが、近年シカなどの食害か、気候変動の影響かよくわからないところもあるが、クマザサはほとんどなく、見晴らしはよい。また、手入れされた人工林と自然林が美しく、山頂下の大岩からは、平家平《へいけだいら》をはじめ、周辺の山々を望むことができ、岩の上からは山間に小見野々《こみのの》ダムも見える。

↑登山口近辺からの青ノ塔

←山頂から日明山方面の展望

徳島方面からは、国道195号の白石《しらいし》トンネルをすぎ、那賀町清掃センター横の狭い道を右へ。途中に林谷《はやしだに》神社があり、神社前の橋から3つ目のコンクリート橋のすぐ手前が**登山口**である。

準備を整えて出発しよう。道はわかりにくいところもあるので注意が必要だ。青ノ塔の小さな標識のある地点から、かすかな踏跡とテープ、GPSやコンパスを頼りに、734㍍標高点のある小尾根

■鉄道・バス

往路・復路＝徳島駅前から徳島バス・徳島バス南部丹生谷線（橘営業所と川口乗り換え）で那賀町清掃センター前の林谷口へ。ここから登山口まで約3・5㌔。ただし、便数が少なく、登山への利用は難しい。

■マイカー

徳島市内からは、国道11号、195号を80㌔ほど走り、国道195号の那賀町白石トンネルを抜けて1・3㌔ほど走ると右側に那賀町清掃センターの白い建物がある。ここを右折、上用知林道を約3・5㌔で林谷神社の前の橋を渡り、これを含めて3つ目のコンクリートの橋の手前が登山口。路肩に2台ほど駐車ができる。トイレ、水場、登山届ポストはない。

■登山適期

登山適期は春先から初夏までと、初秋から晩秋の時期がよい。7月中旬～9月上旬は避けたい。12月下旬～2月上旬は積雪も見られる。

■アドバイス

▽本コースは最後まで急登の連続で、かなりの体力が必要となる。

▽紹介したコース以外に、山慣れた登山者なら東の六郎山や、西の平家平方面への縦走もおもしろい。

■問合せ先

徳島バス駅前案内所☎088・653・0116、南部バス川口営業所☎0884・62・0006、木頭観

を目指す。ところどころ切株の上に石を乗せたケルンがあり、道標となってくれる。

小尾根に着けばルートははっきりしてくる。北西に登っていくが、上を見れば首が痛くなるほどの急登だ。1箇所やせ尾根の岩場もあるので、ここは慎重に。

しばらく登ると**大岩**に出合う。左に巻き、主稜線に乗ると、ルートもはっきりしない、階段を登るような急坂となる。以前はクマザサをつかみながら登ったが、今はクマザサはない。手足を使って慎重に登っていこう。

急登はなおも続くが、しばらくの辛抱だ。大岩から1時間20分ほどで、このコース最高の展望ポイントである**岩場**に着く。左から回りこむとよい。ここからは5分ほどで**青ノ塔**山頂に着く。

光（タクシー）☎0884・68・2488、もみじ川温泉☎0884・62・1171
■2万5000分ノ1地形図
阿波出原

しばらく休憩したら往路を下山することになる。つかまるものがあまりないので、急坂では転倒やスリップに気をつけて、安全かつ慎重に下っていこう。（宮本 晴）

CHECK POINT

1

青ノ塔登山口。橋の横に駐車スペースがある

2

734メートル標高点の西のコルから小尾根を登っていく

3

標高960メートル付近にある大岩を左に巻いて主稜線に立つ

4

山頂までは急登につぐ急登が続いている

5

山頂直下の大岩は展望がよい

6

大岩から5分ほどで青ノ塔山頂

21 自然林に包まれた阿波のマッターホルン

黒笠山

日帰り

くろかさやま
1703m

歩行時間＝5時間15分
歩行距離＝7・8km

技術度 ▲▲△△△
体力度 ♥♥♡♡♡

コース定数＝**22**
標高差＝488m
累積標高差 ↗934m ↘1439m

祖谷《いや》川の北に連なる祖谷山系の名峰・黒笠山は、鋭角的な山容で知られている。特に南側から見る姿は秀麗だ。頂上からの展望もすばらしく、矢筈山《やはずやま》、三嶺《みうね》を筆頭に、剣山《つるぎさん》以北の四国東部の山々のほとんどを望むことができる。

登山ルートは昔ながらの白井《しらい》から と、小島《おしま》峠からのものがある。いずれも厳しく、急登と、滑落、転落の危険を感じる箇所がある。しかし、両ルートとも、自然林が残り、自然と一体になった趣のある登山ができる。ここでは小島峠から頂上に登り、黒笠神社を経て白井に下るルートを紹介しよう。

小島峠の「黒笠山・矢筈山縦走登山口」の看板から山道に入る。最初は尾根の北側を横切って進む。途中から林業作業道が現れ、稜線を目指して登る。登り着いた稜線が展望の開けた**旧小島峠**だ。

ここからはずっと稜線沿いのブナやミズナラに抱かれた落葉広葉樹林の道が続く。踏跡ははっきりしているが、急登、急降下もあるので、足もとには気をつけたい。**1364メートル峰**で90度方向が変わり、北北西へ急斜面を下る。道迷いに注意したい。秋なら木の間越しに目指す黒笠山の雄姿がひときわ高く望まれる。

なだらかな地形の最低コルから**1542メートル峰**へは約300メートルの登りで、いよいよ難所のやせ尾根縦走がはじまる。まず次のコルへ80メートルほど下り、黒笠山南の1600メートルピークまで、足もとの悪い、時折、岩を交えた木の根にすがるような登りが続く。

1600メートルピークをすぎると、ササが出はじめ、少し踏跡が不明瞭になるが、尾根をはずさずに進めば、やがて**黒笠山**の絶頂だ。祖谷山系の主峰・矢筈山を間近に、剣山や三嶺を一望する大展望が広がる。

下山は、北へ鎖場を下り、矢筈山への縦走路を少し進み、**白井分岐**で右へ津志嶽《つしだけ》への尾根に入る。ほどなく、稜線と分かれ、南（右）に急坂を下ると**黒笠神社**に着く。

■**鉄道・バス**
往路・復路＝JR貞光駅からタクシーを利用する。下山時の白井への迎えも予約するとよい。

■**マイカー**
徳島自動車道美馬ICで降りて国道438号を南に進み、吉野川にかかる美馬橋を渡って左折、つるぎ町貞光に入って剣山方面に進み、旧一宇村中心部をすぎ、さらに剣山方面に向かう。伊良原の明渡橋で県道261号を東祖谷菅生方面に進むと駐車場、トイレ、休憩所がある小島峠に着く。

■**登山適期**
春、夏、秋がシーズン。紅葉は10月下旬〜11月。冬は積雪が多く、遭難事故も起きている。

■**アドバイス**
▽小島峠あるいは白井からの往復コースでも充分に楽しめる。
▽黒笠山から小島峠へ下山する場合は、やせ尾根が下りになるので、足もとに注意すること。初心者がいる場合は、補助ロープの携行をすすめたい。白井から登る逆コースをとる場合も同様の注意が必要。
▽どちらから登っても、下山後に車を回収することになり、2台の車を使って1台を下山予定地にデポしておくのがベスト。
▽下山後はつるぎの宿岩戸で汗を流すとよい。

■**問合せ先**

剣山から見た黒笠山。その形から「阿波のマッターホルン」とよばれている

黒笠山頂上。360度の展望が広がる

ここから白井までは、見通しのきかない樹林の中の長い下りになり、途中何本も沢を渡る。暗い樹林の中に**鳥居**が現れると、白井まであとわずかだ。廃屋が現れてくるとほどなく、ゴールの**白井**である。（早田健治）

つるぎ町役場商工観光課☎0883・62・3114、貞光タクシー☎0883・62・3166、つるぎの宿岩戸☎0883・67・2826、剣山木綿麻温泉☎0883・62・5500

■2万5000分ノ1地形図
阿波古見・剣山

CHECK POINT

1 小島峠のお地蔵さん。この横を通って旧小島峠を目指す

2 旧小島峠の祠

3 主稜の1500ﾒｰﾄﾙ付近。急な狭い尾根で、転滑落に要注意

4 黒笠神社。ここから、展望のきかない長い下りがはじまる

5 木の鳥居が見えると、もう白井は近い

6 下山口の白井登山口に到着する

22

津志嶽

つしだけ
1494m

急崖に守られた自然林とシャクナゲ群落が魅力

日帰り

歩行時間＝5時間35分
歩行距離＝9・8km

技術度 ■■□□□
体力度 ■■□□□

コース定数＝27
標高差＝894m
累積標高差 ↗1322m ↘1322m

←国道438号から見た津志嶽。頂上は急峻な崖に囲まれ、形はラクダのコブ状に見える

←「郷土の森」に指定されたシャクナゲ林。濃いピンクが鮮やか

剣山《つるぎさん》から北を望むと、頂がラクダのコブの形をした山が対峙する。これが津志嶽である。国見山《くにみやま》からはじまり、矢筈山《やはずやま》、黒笠山《くろがさやま》などからなる祖谷《いや》山系の東の端にあって、絶壁に囲まれた要塞のように見える。貞光《さだみつ》川とその支流から1000メートルもの急角度で立ち上がり、それゆえ登山道は急で長丁場となる。

出発点となる赤い屋根の**久薮阿《ひさやぶあ》弥陀堂《みだどう》**には、駐車場、水場、公衆トイレがあり、ここで登山準備をしよう。お堂前のアジサイ園を巻くように来た車道を道なりに上がった行き止まりが**登山口**で、数台駐車できる。「津志嶽シャクナゲ郷土の森」の看板があり、頂上までの案内図が載っているので、ここで予習して登山道に入ろう。

モノレールに沿って杉林の中の緩い傾斜の道を行く。鉄橋を渡ると傾斜が増し、廃屋の前をすぎてすぐ、神仏混淆なのか、鳥居と梵鐘がなかよく並ぶ**石鉄寺《いしづちじ》**にいたる。本堂の前から八面山《やつらさん》が正面に見える。

さらに深い杉林に入り、木橋で沢を渡り、ジグザグに登りきると**鞍部**に出る。ここを右に行くと秋葉山《あきばやま》だが、左に進む。アカマツ、カエデなど自然林の緩い稜線を少し行くと津子嶽《つしだけ》神社のお堂がある。展望はないが、休憩するのによい場所だ。

次いで足場の悪い尾根をしばらく登ると、道は尾根を少し右にずれてブナなど高木の緑陰の下を行く。苔むした岩石の散らばるところをすぎて鉄塔巡視路に入ると、**鉄塔**の下を通り、尾根の左を横切るように進むと小沢に出る。ここ

■**鉄道・バス**
往路・復路＝JR徳島線貞光駅からつるぎ町コミュニティバス（☎0883・62・3111）で一宇エリアの剣橋方面に向かい、八面橋で下車。赤い鳥居をくぐって坂道を久薮集落に向かう。久薮阿弥陀堂へ徒歩約1時間。タクシーの利用も可。

■**マイカー**
国道192号つるぎ町貞光から国道438号に入り、貞光川に沿って南下、つるぎ町役場一宇支所をすぎて

CHECK POINT

久薮阿弥陀堂横に駐車場とトイレ、水場がある。そばにはアジサイ園もある

鳥居と梵鐘がなかよく並ぶ我郷山石鉄寺。寺の本堂からは八面山が望める

「津志嶽シャクナゲ郷土の森」の看板。左に水場となる小さな沢がある

3等三角点のある山頂。樹林に囲まれて展望は西に黒笠山頂上付近が見えるだけ

で水の補給ができる。そばには登山口にあった「津志嶽シャクナゲ郷土の森」を表示する看板が立つ。

少し山腹を横切って尾根に乗るとシャクナゲが群生し、5月下旬から6月初旬には鮮やかなピンクの花々が緑のキャンバスに映える。群生地をすぎて稜線を行くとブナやモミが見られ、ブナの大木をすぎてやせ尾根に気をつけながらしばらく行くと**津志嶽**頂上に到着する。

三角点のある頂上は小広くなっているが、展望はほとんどない。唯一、西に黒笠山上部が見えるだけだ。

下山は往路を戻る。（天野和幸）

しばらく行くと八面橋で右に「石鉄山」と書かれた赤い鳥居が現れる。国道を離れ、赤い鳥居をくぐって久薮地区の最奥まで行くと久薮阿弥陀堂だ。約20台分の駐車スペースとトイレ、水場がある。

■登山適期

新緑とシャクナゲの5～6月ごろと紅葉の10月下旬がよい。真夏は展望がないのと、風通しが悪いので、避けた方がよい。

■アドバイス

▽久薮阿弥陀堂前には数千株のアジサイ園があり、6月中旬～7月中旬に咲き誇る。

▽「巨樹王国」つるぎ町内には赤羽根大師のエノキなど種々の巨樹があり、巨樹めぐりコースが設定されている。

▽国道438号土釜トンネルの横には「土釜」とよばれる川の浸食作用によってできた釜状の岩が三段になって滝を形成している。甌穴（おうけつ）ともよばれる。

▽下山後にはつるぎの宿岩戸で入浴すれば疲労も飛んでいく。

■問合せ先

つるぎ町役場一宇支所☎0883・67・2111、貞光タクシー☎0883・62・3166、つるぎの宿岩戸☎0883・67・2826

■2万5000分ノ1地形図

阿波古見

23

家族でゆっくり登山を楽しめる展望の山

風呂塔・火打山

ふろんとう 1402m
ひうちやま 1425m

日帰り

歩行時間＝2時間40分
歩行距離＝4・4km

技術度

体力度

コース定数＝**11**

標高差＝198m

累積標高差 492m 492m

落合峠西方の落禿ピークから望む風呂塔、火打山

風呂塔山頂直下から火打山を望む

ユニークな山名で知られる風呂塔は、生活環境保全林として遊歩道が整備され、家族で気軽に森林浴と展望を楽しむことができる。本稿では東に隣接する火打山を往復するコースも紹介しよう。

国道192号の東みよし町加茂《かも》から深淵《みぶち》の標識にしたがって南に進み、県道三加茂《みかも》東祖谷《ひがしいや》線に入る。桟敷《さじき》峠の標識を確認し、東へ約2キロ進むと左側にキャンプ場1・6キロの標識があり、ここを右折すると**風呂塔生活保全林の駐車場**に着く。ここが登山口だ。

少し登ると風呂塔への案内板に出合う。以前にはこの横にバンガローや、キャンプ場の炊事場が整備されていたが、今では撤去されている。

右へのびる遊歩道は背丈の低い草に覆われて

■**鉄道・バス**
往路 復路＝利用できるバス便はない。JR徳島線阿波加茂駅からタクシーで風呂塔生活保全林駐車場へ。
■**マイカー**
国道192号東みよし町加茂で県道44号に入り、南下して桟敷峠を経て風呂塔生活保全林駐車場へ。
■**登山適期**
四季を通じて楽しめるが、登山口の標高が1200メートルと高く、冬期は積雪により、アクセス道路が不通になることがある。
■**アドバイス**
▽小学生であれば充分登れる山だが、以前に比べれば登山道がやぶに覆われている部分もあるので、地図やGPS機器などがあれば安心だろう。
▽タクシーなどを利用すれば、風呂塔を起点に、火打山、石堂山、矢筈山方面への縦走も可能。
■**問合せ先**
東みよし町産業課☎0883・79・5339、三加茂タクシー☎0883・82・2116、三嶺タクシー☎0883・88・2420、貞光タクシー☎0883・62・3166
■**2万5000分ノ1地形図**
阿波中津

いて、カラマツや桧、杉などの林間歩道が続いている。この道を30分も歩けば**風呂塔**の頂上だ。3等三角点の山頂は灌木に囲まれているが、樹間から、西側に松尾《まつお》川をはさんで中《なか》津《つ》山《さん》や腕《かいな》山《やま》、南側に石堂山《いしどうやま》、矢《や》筈山《はずやま》を見ることができる。

展望を楽しんだあとは火打山を目指す。まず東へ少し下っていくが、登山道はあまり明瞭ではない。テープや踏跡を頼りに歩くと、「**風呂塔・火打山分岐**」の標識がある。ここからはやぶが濃くなり、少し歩きにくくなる。尾根を忠実にたどることにしよう。

分岐から約40分歩くと**火打山**の山頂だ。展望は南側が少し開けていて、石堂山や矢筈山を見ることができる。ここからさらに、南東方向に白滝山《しらたきやま》から石堂山へ続く登山道がのびているが、それは別の機会として、往路を戻ることにしよう。途中で風呂塔の頂上へは戻らずに、1322㍍標高点の**分岐**で右に分かれる道を行けば、**風呂塔生活保全林の駐車場**に戻ることができる。

（割石一志）

CHECK POINT

風呂塔登山口。かつてはキャンプ場としてにぎわっていた場所だ

風呂塔山頂。灌木があるが、360度の展望が楽しめる

風呂塔・火打山の鞍部分岐。登山口からの巻道がここで出合う

火打山山頂。南側がわずかに開けていて、石堂山方面が望める

24 烏帽子山

すっきりした山容と豊かな自然林

えぼしやま 1670m

日帰り

歩行時間＝5時間
歩行距離＝6・5㎞

技術度 ■■□□□
体力度 ■□□□□

コース定数＝17

標高差＝150m

累積標高差 ↗570m ↘570m

樹林帯を抜けると烏帽子山山頂が近づいてくる

　烏帽子山は、県西部、三好《みよし》市の東祖谷《ひがしいや》地区（旧東祖谷山村）に位置し、落合《おちあい》峠方面から見るとみごとな烏帽子型をしている。一般的な登山口となる落合峠は、標高1520㍍、クマザサの草原で風光明媚な峠として知られている。コース上ではウリハダカエデ、ミズナラ、ハリギリ、オオカメノキ、ナナカマド、サラサドウダン、アサマリンドウ、シコクフウロ、ヤマラッキョウなどが見られる。

　落合峠を出発し、すぐの分岐は右に入り、岩や木立が点在するなだらかな坂道のササ原を登る。途中で右に見える小さな丘に向かう道を分ける。以前は落禿《おちはげ》の北面を横切る道があったが、今は廃道になっている。たどり着いた**落禿**には3等三角点がある。立木がないので展望がよく、目指す烏帽子山がよく見える。

　落禿をすぎると道は林の中に入り、2つ目のコブの先の急坂に短い鎖場があり、その後、鞍部まで下る。前烏帽子山まではアップダウンのある坂道が続く。背丈ほどのササに覆われた急な坂道は、雨水で道が掘れて歩きにくいところがある。登りつめたところが**前烏帽子山**で、烏帽子山と寒峰《かんぽう》の分岐点だ。

　ここからは北へ、なだらかな山道を行くと、テンニンソウ畑がある。以前と違

■鉄道・バス
往路・復路＝JR徳島線阿波加茂駅で下車し、タクシーで落合峠へ。

■マイカー
徳島自動車道美馬ICから国道438号で吉野川を渡り、右折して国道192号を西進、東みよし町役場前で「深淵」の標識を左折して県道44号を南下、林道深淵落合線に入り、桟敷峠を越え、深淵を通って登山口の落合峠へ。峠の少し先の右手に駐車場、峠の南斜面にトイレがある。

■登山適期
春から夏にかけて花の季節や紅葉の秋がおすすめ。落合峠はススキの名所として有名。冬期は道が通行止めとなり、凍結する恐れや積雪も多い。

■アドバイス
▽峠手前の深淵造林小屋跡から西北西の方向に支尾根を登り、烏帽子山の北東尾根経由で直接烏帽子山頂上に行くルートもある。登り2時間。下り1時間30分。ただし、一部道がわかりにくい箇所があるので要注意。
▽深淵造林小屋跡から落合峠へ登り、落禿、前烏帽子山、烏帽子山、深淵造林小屋跡への周回コースもあるが、深淵造林小屋跡から落合峠までの間は山道が荒れているので熟練者向き。

■問合せ先
三好市東祖谷支所☎0883・88・2211、三加茂タクシー☎088

落合峠付近から望む烏帽子山。元服した男子の被り物「烏帽子」を思わせる山容をしている

ってササの背丈は低いので歩きやすい。木立の間から目指す烏帽子山が時々見える。山頂の南面は崖で、山道は東面を登る。

最後の鞍部をすぎると、やがて急坂になり、林を出るとまもなく**烏帽子山**山頂に着く。頂上で道は南北に分かれ、南に行くと崖に出て、北東へ行くと深淵《みぶち》造林小屋跡へ下ることができる。北方は木立で展望はないが、南方には次郎笈《じろうぎゅう》、三嶺《みうね》、天狗塚《てんぐづか》、寒峰、中津山《なかつさん》や、遠く石鎚《いしづち》山系の山並みが見える。

帰りは往路を引き返す。

（杉原宏重）

3・82・2116

■2万5000分ノ1地形図

阿波中津

CHECK POINT

落合峠が登山口。近くにはトイレ、広い駐車場がある

まずは、落禿に向かって笹原を登っていく

落禿。このコースでの最高地点。三角点もあり展望もよい

落禿と前烏帽子山の間にある鎖場。それほど厳しくないが通過は慎重に

前烏帽子山。寒峰への分岐点でもあり、道しるべがある

烏帽子山頂上。北方は木立があるが南方は開けていて展望がよい

25

祖谷山系の盟主・矢筈山と、岩の尖塔が特徴の石堂山

矢筈山・石堂山

やはずやま 1849m
いしどうやま 1636m

日帰り

Ⓐ落合峠から矢筈山　歩行時間＝3時間30分　歩行距離＝6.4km　技術度　体力度

Ⓑ石堂神社から石堂山・矢筈山　歩行時間＝5時間30分　歩行距離＝10.3km　技術度　体力度

コース定数＝Ⓐ14Ⓑ25

標高差＝Ⓐ329mⒷ664m

累積標高差　Ⓐ↗579m↘579m　Ⓑ↗1099m↘1099m

烏帽子山頂上から見た矢筈山（左）、並ぶ３つの峰が矢筈の形をなす

Ⓐ落合峠から矢筈山

矢筈山は、西に国見山《くにみやま》、中津山《なかつさん》、寒峰《かんぽう》、北に石堂山、東に黒笠山《くろがさやま》、南にサガリハゲ山など祖谷《いや》山系の山々に囲まれて、ひときわ高くそびえ、その名の通り、「矢筈」を形づくる頂稜部が特徴的で、まさに祖谷山系の盟主といえる。

車を利用して三好市東祖谷の**落合峠**《おちあい》へ。ササとススキが広がり、空が大きく開けて展望のよい、徳島有数の高所の峠である。峠脇の標識からササ原の中の登山道に取り付く。矢筈山頂上方面を見ながら見晴らしのよいササ原をかき分ける。振り返れば烏帽子山《えぼしやま》が名の通りの形でこちらを向いている。4等三角点の1611㍍《メートル》峰をすぎると木立が高くなって**モミの支配的な林**となり、視界のない薄暗い林の中を歩く。

ダケカンバが出てくると急勾配となり、登りきると**サガリハゲ山への分岐**に出る。ササやぶを横切ってコルに出ると右に剣山《つるぎさん》方面の展望が開ける。ここからは岩を縫うようにやせ尾根を登り、大岩が出現してササの中にコメツツジが現れるとまもなく2等三角点のある**矢筈山**頂上だ。南に剣山から三《み》嶺《うね》、天狗塚《てんぐづか》、東に黒笠山、津志嶽《つしだけ》、北に石堂山、風呂塔《ふろんとう》、西に烏帽子山、中津山など、徳島の主要な高山が見わたせる。天気がよければ遠く石鎚山《いしづちさん》方面も展望できる。

■鉄道・バス
往路・復路　Ⓐ落合峠＝JR徳島線阿波加茂駅からタクシーで落合峠へ（西谷橋への四国交通バスは廃止された）。または阿波池田バスターミナルで四国交通バス祖谷線に乗り、落合で下車。タクシーで落合峠へ。Ⓑ石堂神社＝JR徳島線貞光駅でつるぎ町営コミュニティバス紙屋行きに乗り、紙屋で下車、タクシーで石堂神社へ。

■マイカー
Ⓐ落合峠＝国道192号東みよし町加茂で県道44号に入り、南下して桟敷峠、深淵を経て落合峠にいたる。峠の東に約20台分の駐車場とトイレがある。または国道439号三好市東祖谷落合から県道44号に入り、落合峠へ。Ⓑ石堂神社＝国道192号つるぎ町半田で県道256号に入り、半田川沿いに南下。大惣地区で林道大惣線を南下し、尾根まで行くと石堂神社の標識がある。これにしたがって稜線上の林道を西に行くと石堂神社へ。付近に5～6台駐車できる。

■登山適期
5月中旬から新緑が現れ、5月中・下旬にツツジが咲く。紅葉は10月中旬～11月初旬がよい。冬は積雪が多く、車でのアプローチは困難。

■アドバイス
▽落合峠から車道を東に少し進むと

下山は往路を戻る。

Ⓑ石堂神社から石堂山・矢筈山

石堂山の山頂は目立たないピークだが、頂上近くにある岩の尖塔の御塔石《おとういし》と、石室状の大工《だいく》小屋石《ごやいし》がこの山を特徴づけていて、かつては修験場として崇められていた。

石堂神社に向かって右にある白い距離標識から登山道に取り付く。広葉樹林と杉や桧

ササ原の広がる雄大で美しい落合峠

約10人収容の避難小屋がある（峠南西の旧避難小屋は使用不可）。

▽石堂神社からのコースは長丁場で水場がないので、充分な飲料の準備をすること。

▽石堂山～矢筈山の間は、稜線上だが、ササやぶが深いのでルートを見失わないよう注意すること。矢筈山頂上北直下のやせ尾根は東側が急崖なので、転落しないよう気をつけること。

▽石堂神社へは南の木地屋地区の石ノ小屋跡からは、登り1時間、下り40分。

▽落合峠から三好市東祖谷側に下ると、いやしの温泉郷（休業中）があり、日帰り入浴できる。石堂神社から南の一宇地区に下ると、つるぎの宿岩戸で日帰り入浴できる。

■問合せ先

東みよし町役場☎0883・79・5339、つるぎ町役場☎0883・62・3114、三好市東祖谷支所☎0883・88・2211、四国交通バス☎0883・72・2171、三加茂タクシー☎0883・82・2116、三嶺タクシー☎0883・88・2420、貞光タクシー☎0883・62・3166、いやしの温泉郷☎0883・88・2975、つるぎの宿岩戸☎0883・67・2826

■2万5000分ノ1地形図

阿波中津・京上

石堂山頂上から見た矢筈山(左)

の植林に囲まれた尾根筋を西に向かう。ササが現れ、急坂を登りきると**白滝山《しらたきやま》分岐**に出る。ここから白滝山へは往復15分である。

分岐からは西南西にのびる緩い尾根上を行く。植生が変わって灌木になると展望が開け、左方に矢筈山頂上が見えてくる。しばらく行くと石室状の大工小屋石があり、さらに少し行くと登山道脇に四角い岩柱状の**御塔石**が現れる。登山道からの高さは6㍍ぐらいだが、石堂山に近づいて振り返ると、崖下からの高さ約30㍍の槍の形をした岩の尖塔が堂々と屹立する。山名の由来を想起させる印象的な光景だ。

御塔石をすぎてひと踏ん張りで**石堂山**頂上に着く。木に囲まれるが、南に矢筈山、東に黒笠山、津志嶽方面の展望が開ける。小広いササ原になっている休憩適地だ。後半に備えて食料や飲料を補給しておこう。

ここからは稜線上を南に向かって矢筈山を目指す。ササが深くなって、登山道が不明瞭なところがあるので注意しよう。基本的には稜線をはずさないように進む。途中の大岩のところと、1710㍍標高点のあたりは稜線から右(西)にそれて登山道がついている。

ダケカンバの樹林が多くなり、水平なやせ尾根になると左が崖状なので、転落に注意しながら登ろう。次にササやぶの急登となり、すべらないよう気をつけてひと登りすると**矢筈山**頂上に立つ。

下山は往路を戻る。(天野和幸)

CHECK POINT—Ⓐ落合峠コース

1 落合峠の脇に登山口がある。ササ原をかき分けて進む

2 深いササの下生えを覆う薄暗いモミ林

3 急坂を登りきるとサガリハゲ山分岐にいたる。ササとダケカンバに囲まれた標識

4 三角点のある矢筈山頂上、剣山系、祖谷山系など四囲の展望が開ける

CHECK POINT—Ⓑ石堂神社コース

1 白い金属の鳥居が目立つ石堂神社。右の白い距離標識から登山道に取り付く

2 急坂を登りきるとササの中に白滝山分岐の標識が立つ。往復15分で白滝山に行ける

3 大工小屋石をすぎてすぐ御塔石が現れる。高さ6㍍の石柱が矢筈山を背に直立する

4 石堂山頂上は樹林に囲まれた広いササ原。展望は南に矢筈山、東に黒笠山、津志嶽など

26

フクジュソウ群落と平家落人伝説の山

寒峰《かんぽう》 1605m

日帰り

歩行時間＝4時間10分
歩行距離＝7.5km

技術度
体力度

コース定数＝19
標高差＝805m
累積標高差 835m 835m

国見山《くにみやま》、中津山《なかつさん》、矢筈山《やはずやま》などの祖谷《いや》山系の中ではおとなしい姿の寒峰だが、ササ原の広がる頂上からの展望はすばらしく、中腹のフクジュソウ群落も多くの岳人を引きつけてやまない。山名は「頂上の樹木がなく、寒々とした感じ」から名づけられたともいわれている。

「奥ノ井寒峰花回廊」の看板脇の**住吉《すみよし》神社**の階段を登り、左の竹林の中の登山道に取り付く。すぐに杉の植林地となり、林内作業道にまどわされないよう、山腹を横切るように登る。水場となる小さな沢を越えて林道日和茶坂瀬《ひわちゃさかせ》線に出る。ここまで林道を車で来て登山口とすることもできる。

山側に取り付いて、やはり杉林の中を行くと案内看板の立つ**フクジュソウ群生地**にいたる。3月下旬には残雪の中に、光沢のある黄金色の花々が登山者を迎えてくれる。あたりを見て回るなら踏みつけないよう気をつけよう。「富貴草」、「延齢草」とともに縁起のよい3つの花は合わせて「祖谷の三瑞草」とよばれている。

さらに進むと大きく左折して急な尾根になり、左から大枝《おおえだ》からの道が合流してひと登りで4等三角点の栗枝渡《くりしど》に立つ。ここから北に緩い広葉樹林の尾根を行く。1518㍍峰の東面を横切ってやや下ると、平坦な**湿地状のコル**となり、展望が開ける。

再び樹林に入り、ブナの大木を見て、むかし、平家の落人が通ったという寒峰峠をすぎると頂上は

↑烏帽子山頂上から見た寒峰(右)と1518㍍峰(左)

←雪解けとともに黄金色の花を咲かせるフクジュソウの群生地

目前だ。視界が開けて、秋にはススキの穂の繁るササ原をかき分けて**寒峰**頂上に到着する。低いササばかりの頂上は展望抜群である。南に三嶺《みうね》から天狗塚《てんぐづか》、東に矢筈山、剣山《つるぎさん》、北には烏帽子山《えぼしやま》、腕山《かいなやま》、西には中津山、国見山など主要な高峰が見わたせる。

　下山は往路を戻るか、落合《おちあい》峠方面に進んで東尾根を下って住吉神社に戻る。（天野和幸）

CHECK POINT

1 横に「奥ノ井寒峰花回廊」の看板のある住吉神社の階段を登り、うっそうとした社叢からスタートする

2 林道日和茶坂瀬線を横切る。ここまで車で来ることも可

3 フクジュソウ群生地の看板、3月下旬から4月下旬まで花が見られる

4 1518㍍峰の東面をトラバース気味に下ると湿地状のコルに出る

5 寒峰頂上付近はササ原となり、剣山山系、祖谷山系など四囲の展望は抜群だ

6 寒峰頂上から東尾根に向かう稜線。烏帽子山（左）、矢筈山（右）を望みながらササ原の中を歩く

サブコース　東尾根経由の下山

寒峰山頂から稜線を東にしばらく行くと落合峠方面と奥ノ井方面との**分岐**標識があり、南東に奥ノ井方面に向かう。ササやぶで登山道がやや不明瞭だが、ルートファインディングしながら尾根沿いに南東に下っていく。**1279㍍標高点**を通過してさらに尾根を南東に下ると、標高1230㍍で尾根が東と南の2つに分かれる。南に向かい、急勾配に注意しながら下っていき、右下に林道が近づいたら尾根を右に行き、**林道**に下り立つ。あとは林道を道なりに1㌔あまり進むと登山口の**住吉神社**に戻る。

■鉄道・バス
往路・復路＝阿波池田バスターミナル発久保行き四国交通バスに乗り、下瀬で下車。登山口の住吉神社までは徒歩で1時間あまり。あるいはタクシーを利用する。

■マイカー
国道32号人歩危から祖谷トンネルを越えて、祖谷川沿いに国道439号を東に行き、東祖谷下瀬の「八幡神社」の標識で国道から分かれて北に向かう。急傾斜の道路を登り、栗枝渡の八幡神社をすぎてしばらく行くと、「奥ノ井寒峰花回廊」の看板が立つ住吉神社に着く。すぐ奥の道脇に5～6台の駐車スペースがある。

■登山適期
早春3月中旬から4月下旬までフク

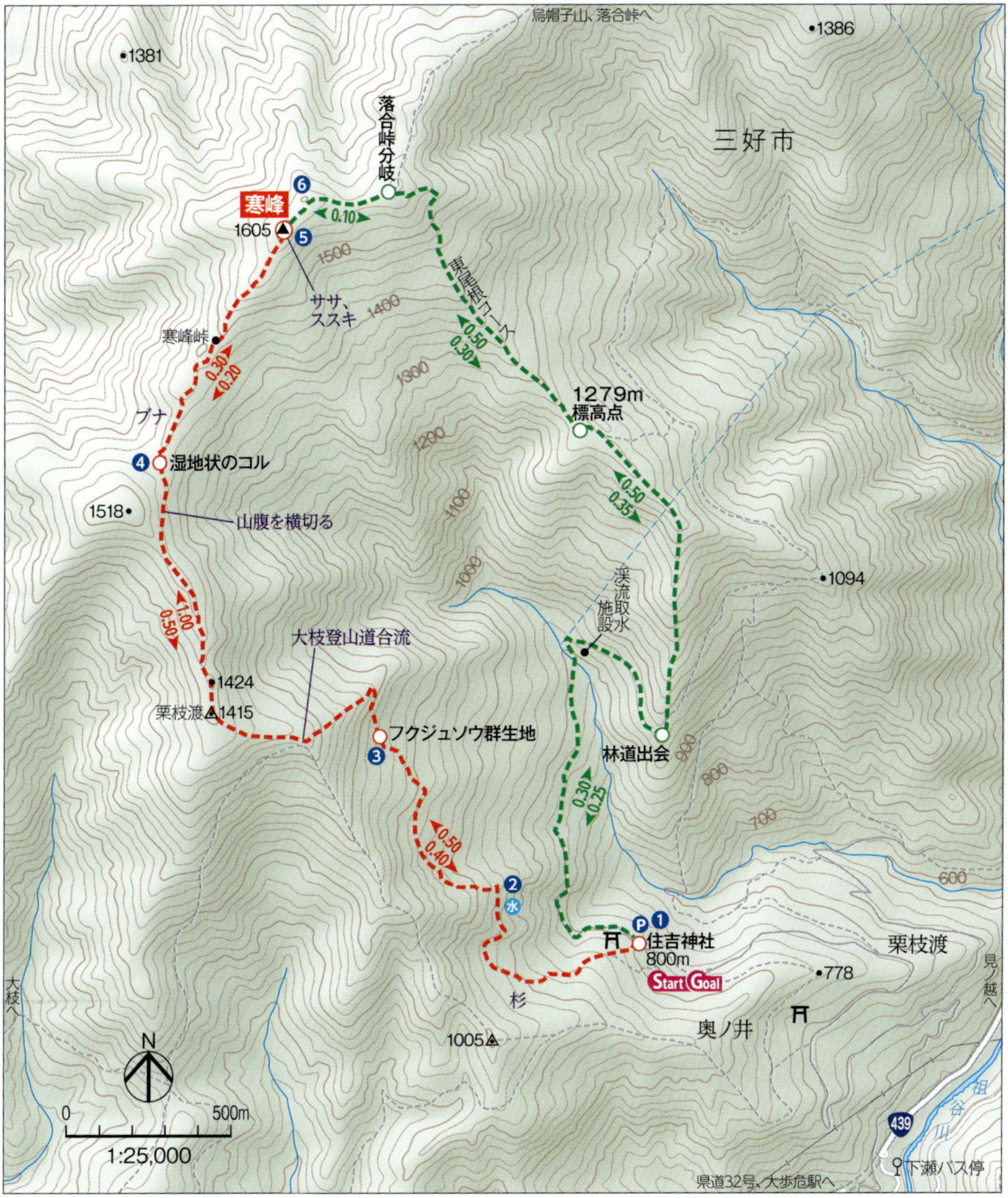

ジュソウが見られる。夏期は暑さ対策をしっかりと。紅葉は10月下旬がよい。冬は適度な積雪で冬山入門としてトレーニングに適する。

■アドバイス

▽東尾根を下山に使う場合は、尾根伝いだが、ルートファインディングを確実に行うこと。

▽下山後は東祖谷菅生にあるいやしの温泉郷で日帰り入浴できる。宿泊、レストラン、バンガローもある。

▽栗枝渡の八幡神社は、屋島の合戦で敗れて祖谷山に逃れた平家の守護する安徳帝がこの地で亡くなり、火葬にされた御火葬場であると伝えられている。

▽三好市西祖谷の「祖谷のかずら橋」はシラクチカズラを編んでできた吊橋で、祖谷川にかけられ、渡ればゆらゆらと揺れてスリル満点。多くの観光客が来訪している。東祖谷地区には二重かずら橋と籠渡しの野猿がある。

■問合せ先

三好市東祖谷支所☎0883・88・2211、四国交通バス☎0883・72・2171、かずら橋タクシー☎0883・87・2013、三嶺タクシー☎0883・88・2420、いやしの温泉郷☎0883・88・2975

■2万5000分ノ1地形図

京上

27 山頂に池を配し、弘法大師像が見守る山

中津山

なかつさん
1447m

日帰り

歩行時間＝3時間
歩行距離＝6・0km

技術度

体力度

コース定数＝**14**

標高差＝617m

累積標高差 635m 635m

前烏帽山の手前から見る中津山のスカイラインが印象的だ

頂上から烏帽子山、矢筈山方面を見る

中津山は富士山に似ており、「中津富士」ともよばれる端整な山容をしている。頂上に「黄金の池」とよばれる小池と弘法大師像が祀られていて、山麓にある中津大権現では、毎年4月と7月に祭りが行われ、にぎわいをみせる。

中津山登山口へは、国道32号を行き、大歩危《おおぼけ》駅対岸の上《かみ》名《みょう》交差点で県道45号に入り、吉野《よしの》川にかかる大歩危橋を渡る。さらに祖谷《いや》トンネルを抜け、祖谷川にかかる橋を渡ってすぐに左折。県道32号に入ってすぐの若宮橋の手前で林道に入る。約4キロ進んだところで、「中津山」を示す小さな標識がある。これにしたがって、三差路を左折、道路の舗装が途切れた地点が**登山口**だ。民家が1軒あるので声をかけて、通行の妨げにならないように林道脇に駐車する。

準備が整ったら出発しよう。少し壊れた標識横から登りはじめるが、林道の奥に将軍神社へ続く鳥居と石段があり、こちらからも登ることができる。杉林の中を道なりにたどると、以前には古ぼけた鳥居が建っていたが、いまはなくなっている。さらに尾根の少し下の登山道を標識にしたがって進むと、左側に自然林が現れる。登山道は、展望もなく、倒木などがあり歩きにくいところもある。季節にはシモバシラの花なども見られるので、花を見ながらゆっくりと登っていこう。以前は小祠が立っていた**石垣**に出合い、標高1230メートル付近の左に続く登山道もはっきりしなくなっているが、ここは直進する。

山頂の一角にある社務所と黄金の池

■**鉄道・バス**

往路・復路＝大歩危駅からの三好市営バス路線があるが、登山での利用は難しい。一般にはマイカーかタクシーの利用となる。

■**マイカー**

CHECK POINT

林道終点と登山口標識

登山口奥の将軍神社の鳥居から登っても登山道に合流する

中津山山頂

頂上に立つ弘法大師像

やがて中津山唯一の急登となる。息を整えゆっくりとあせらずに登っていくと、ほどなく**中津山**山頂に登り着く。池に沿って奥へ進むと弘法大師像があり、その横に1等三角点が置かれている。中津大権現の社務所のそばにはスイレンが咲く黄金の池もある。展望もすばらしく、東に腕山《かいなやま》、烏帽子《えぼし》山《やま》、矢筈山《やはずやま》、寒峰《かんぽう》、天狗塚《てんぐづか》、南に土佐《とさ》矢筈山から高知の山を見わたすことができる。

下山は往路を戻る。ほとんど下り終える手前に、左に分岐する目印のテープがある。これを下ると、将軍神社の裏に出る。神社前の急な石段を下り、鳥居を右に進んでいけばすぐに車を停めた**登山口**に戻る。（割石一志）

本文記載の道路のほか、国道32号を下川交差点で左折、県道32号に入り祖谷口橋を渡って南下、若宮橋を渡ったところで左の林道に入る。約4キロ走ったところに「中津山」を示す小さな標識があり、それにしたがって三差路を左折して登山口へ。

■登山適期

秋の空気が澄む時期がおすすめ。祖谷の山の魅力を堪能できる。冬は林道の積雪・凍結に備えてしっかりした装備が必要。

登山道に咲いている「シモバシラ」

■アドバイス

▽三好市東祖谷には平家落人伝説にまつわる遺跡が残されている。東祖谷歴史民俗資料館のほか、平家屋敷の阿佐家が有名。このほか国の重要文化財指定の武家屋敷もある。

▽西祖谷には秘境の湯・新祖谷温泉ホテルや松尾川温泉などがある。

■問合せ先

三好市西祖谷支所☎0883・87・2211（市営バスも）、おおぼけタクシー☎0883・84・1225

■2万5000分ノ1地形図

阿波川口・大歩危

28 四季を通じて楽しめる手ごろな山

国見山

くにみやま
1409m

日帰り

歩行時間＝3時間10分
歩行距離＝6・0km

技術度
体力度

コース定数	=**14**
標高差	=642m
累積標高差	↗ 645m ↘ 645m

国道32号が吉野川《よしの》にかかる四国中央橋にさしかかると、大きくたおやかな国見山が祖谷《いや》山系の前衛峰として迎えてくれる。剣山《つるぎさん》・祖谷山系の最北端に位置する山だ。マイカーの場合は目印となっていた料金所跡のゲートが撤去されているので、小さな案内板を見逃さないように気をつけて旧道に入り、すぐの分岐を左折してつづら折りの道を行くと、登山口の**おおどう峠**（後山《うしろやま》峠）に着く。

樹林に覆われ、薄暗い登山道に取り付つくと、一本道で迷うことはない。しばらくは植林された杉や灌木林の中を登るので展望はよくない。40分ほどで広い**林道**に出る。積雪期以外はここから登る登山者が多い。

休憩のあと、コンクリート擁壁の階段を登る。樹林に入る前に振り返ってみよう。左から寒峰《かんぽう》、矢《や》筈山《はずやま》を経て主峰・剣山が鎮座し、三嶺《みうね》への山並みが西に連なり、天《てん》狗塚《ぐづか》、さらに高知県境の山並みの大パノラマを一望できる。頂上からは灌木の成長で一部見えない山があるので、ここで写真に収めておきたい。

再び樹林の中へ入り、しばらく登ると左右の桧林を分ける防火帯となり、急坂を登りきった**防火帯上部**で尾根に出る。ここからは緩やかな尾根道で、ブナやカエデ類に覆われ、春の新緑から紅葉、さらに冬には霧氷と、季節ごとに変化する自然を楽しむことができる。

国見神社の祠に着いて山の安全と感謝を祈れば、**国見山**頂上まではひと登りである。中・低山の宿

国見山は祖谷山系の前衛峰にふさわしい大きな山だ

林道登山口から三嶺を中心に左に剣山、右へ牛ノ背の展望がすばらしい

■**鉄道・バス**
往路・復路＝大歩危駅からタクシーか、三好市営バスで後山峠登山口へ。ただし、バスは休日運休で、便数も少なく、登山での利用は制約される。

■**マイカー**
登山口まではマイカーが便利である。国道32号上名交差点から県道45号に入り、祖谷トンネル手前で右折、林道をおおどう峠に向かう。峠に5台ほどの駐車スペースがある。上部林道登山口から登る場合は、さらに100メートルほど行き、左折して林道川崎国見山線へ入り、3キロほどで広い駐車場のある登山口に着く。

■**登山適期**
5～6月の新緑、10～11月中旬の紅葉と、季節ごとに楽しめる。積雪期はおおどう峠はバス路線のため除雪があり、冬山体験が容易である。霧氷と祖谷連山の「祖谷アルプス」とよぶにふさわしい、白く輝く山系の展望が楽しめる。

■**アドバイス**
▽多くの登山案内書では登山口を

CHECK POINT

1 おおどう峠(後山峠)登山口

2 林道「川崎国見山線」登山口

3 尾根道はなだらかな気持ちのよい自然林が続く

4 一部灌木でさえぎられるが、展望は抜群

命で、頂上周辺の樹林の成長によりこの山でも展望が一部さえぎられようとしている。それでも石鎚《いしづち》山系から瀬戸の島々、祖谷の山並みから剱山まで、「国見」の名の通り、展望は抜群だ。

下山は往路を引き返す。

なお、余裕がある人は南西尾根から新しい林道をたどる周回コースを下りてもよいだろう。頂上から北尾根を下りると、すぐ川崎ルートとの分岐があり、コース確認をして踏跡を忠実に下る。途中放棄されたモノレールあたりで踏跡が不鮮明となるが、テープを頼りに下れば新しい**林道に出合う**。高知県境の山々の遠望を楽しみながら歩けば、**林道登山口**に戻る。約1時間10分の距離。

(内田忠宏)

「後山峠」としているが、地元の古老によると「後山峠」は通称で、「おおどう峠」が正しいとのことだ。何箇所かある標識は「おおどう峠」となっているので、本稿でも「おおどう峠」とした。

冬期は霧氷のトンネルを楽しめる

▽頂上直下に避難小屋がある。冬期の風雪の強い日は休憩、昼食に利用するとよい。

▽おおどう峠への市道は定期バス路線となっており、積雪期は除雪されるので、冬用タイヤ装着なら峠まで行くことができる。ただし、林道へは侵入しないように。

▽温泉は大歩危に下るなら国指定天然記念物の背斜構造を遊覧船乗り場で見学したあと、サンリバー大歩危を利用するとよい。祖谷渓を下るなら人気の松尾川温泉がおすすめ。

■問合せ先
三好市西祖谷支所☎0883・87・2211、おおぼけタクシー☎0883・84・1225

■2万5000分ノ1地形図
大歩危

29

県西部、高知県境にあり、妖怪伝説の残る山

野鹿池山・黒滝山

のかのいけやま　1294m
くろたきやま　1210m
（最高点＝1303m／野鹿池山西峰）

日帰り

歩行時間＝4時間40分
歩行距離＝10・3㎞

技術度

体力度

コース定数＝**22**

標高差＝323m

累積標高差　960m　960m

県西部三好《みよし》市山城《やましろ》町の藤川《ふじかわ》谷は、妖怪「児啼爺（こなきじじい）」伝説の発祥の地とされるなど、山深い地域だ。かつて県境の山々には谷沿いの集落から歩いて登っていたものだが、現在は林道を利用して尾根近くまで車で行けるようになった。紹介する黒滝山から野鹿池山にいたる高知県境の縦走路は、クマザサが残るなど、植生が豊かだ。

林道から見た黒滝山

尾根道から野鹿池山を望む

林道下名《しもみょう》粟山《あわやま》線の送電線鉄塔手前の土捨て場が**登山口**となる。林道すぐ上の鉄塔から、植林地の作業道を適当に登ると、ほどなく**鉄塔**の建つ高知県境の稜線に出る。ここから尾根沿いを東に黒滝山を目指す。アップダウンを繰り返しながら林間を進むと、「シャクナゲ群生」などの標識があり、高知県側の登山道との分岐となっている。さらにひと登りで3等三角点のある**黒滝山**山頂に登り着く。南側の展望が開けており、高知県側の山々が望める。

鉄塔まで引き返すと、今度は苔むした趣のある急登がはじまり、100メートルあまり登るとブナなどが点在するやや開けた尾根道となる。途中、比較的大きなブナなどもあり気持ちがよい。最後の急傾斜を登りきると**野鹿池山**（東峰）山頂だ。ブナやカエデなどに囲まれ展望はない。

少し休んだら、比較的展望のよい西峰を目指そう。山頂付近はクマザサで、少し下るとスズタケとなるが、やぶ漕ぎの必要はない。尾根の南側が開け、ブナの間から梶《かじ》ヶ森《もり》などを望むあたりへ来ると、すぐ先が**西峰**の山頂だ。

帰路は**東峰**手前の分岐まで引き返し、野鹿池神社を目指す。このあたりは、自然環境保全地域に指定されているせいか、シカの食害の影響が見られず、ブナやカエデの下層にクマザサが広がるひと昔前の山の様相を残している。5分ほどで登山口から野鹿池神社へ続く遊歩道に出る。左に折れ、木道を行くと**野鹿池神社**があり、その周辺はコケに覆われた湿地となっている。

下山途中の登山道脇には多くのシャクナゲが植栽されており、さまざまな花が楽しめる。下り着い

■鉄道・バス
往路・復路＝JR土讃線大歩危駅からタクシーを利用する。

■マイカー
国道32号「大歩危峡まんなか」の観光遊覧船乗り場の南で「野鹿池山」の標識にしたがって藤川橋の手前で橋を渡り、すぐに県道272号を藤川谷に沿って西へ進む。「野鹿池」の標識がある地点で橋を渡り、林道沢谷線に入り、落石に注意しながら高度を上げる。標高1000メートルを超えた

CHECK POINT

1 登りきった県境稜線から登山口方向を振り返る

2 稜線を東進してまずは黒滝山山頂に立つ

3 鉄塔から西に向かって野鹿池山へ。展望はない

4 野鹿池山西峰。樹間から南側の展望が得られる

5 移植されたシャクナゲが咲く道を下って野鹿池へ

6 石の鳥居をくぐって野鹿池山登山口に下山する

た**野鹿池山登山口**には、りっぱなログハウスや水場、トイレ、駐車場があり、北側の山々がよく望める。ここからはほぼ下りの林道を3キロあまり歩いて、**黒滝山登山口**へ引き返す。

（谷口安孝）

ところで林道下名粟山線に合流。ここから東へ進めば黒滝山登山口だ。西へ進み、上にのびる支線を登っていけばログハウスのある野鹿池山登山口に向かう。

■登山適期

新緑の4月からシャクナゲの咲く5月下旬～6月上旬、秋の紅葉の10～11月がよい。

■アドバイス

▽「児啼爺」は民俗学者の柳田国男が編纂した著書に「阿波の山間部の妖怪」と記載があり、その後研究者の調査により、山城町上名平が伝説発祥の地と特定され、道路沿いに石像が立っている。

児啼爺像

▽藤川谷入口の「峡谷の湯宿大歩危峡まんなか」では日帰り入浴も可。

■問合せ先

三好市産業観光部観光課☎0883・72・7620、峡谷の湯宿大歩危峡まんなか☎0883・84・1216、おおぼけタクシー☎0883・84・1225

■2万5000分ノ1地形図

野鹿池山

注：本コース起点の黒滝山登山口はやぶに覆われ、入口がわからないことがある。その際は下山地の野鹿池山登山口を起点に黒滝山を往復する。

30 藍栽培の里で古くから親しまれている2つの山

高尾山・藍染山

たかおやま 261m
あいぞめやま 414m

日帰り
Ⓐ往復コース 歩行時間＝3時間10分 歩行距離＝8・0km 技術度 体力度
Ⓑ周回コース 歩行時間＝3時間10分 歩行距離＝8・6km 技術度 体力度

コース定数＝Ⓐ15 Ⓑ15

標高差＝Ⓐ373m Ⓑ373m

累積標高差 Ⓐ ↗666m ↘666m
Ⓑ ↗620m ↘620m

藍住町から見上げる高尾山（左）と藍染山（右）の山並み

高尾山は板野《いたの》町を代表する山であり、町内のどこからでも見える美しい山だ。一方、藍染山は鳴門《なると》市と板野町の境界にあり、板野町は明治時代阿波藍の製造が盛んであったため、この名がついたと思われる。いずれも国土地理院の地形図にはその名は記されていないが、地元では古くから親しまれている山である。

Ⓐ往復コース

登山口は3箇所あり、登山者の多い、いちばん西の**奥宮**《おくみや》**登山口**からのコースを紹介しよう。駐車場の奥にある階段を登る。この横に高尾山から藍染山までを含めたルート図と「高尾山まで1・2キロ」の標識がある。はじめはゆっくり並んで歩ける木陰の登山道が続く。登山道沿いには多くのサクラやモミジが植えられている。

登山口から15分ほど登った中腹に展望と休憩を兼ねた場所があり、眼下に板野町、藍住《あいずみ》町、吉野《よしの》川をはさんで徳島市の街並みが見下ろせる。その後も2箇所の展望台がある。

最初の展望台から15分ほど登ると、平山《ひらやま》登山口、川端《かわばた》登山口からの道と合流し、さらに20メートルほど登ると三軒屋《さんげんや》からの道と合流する。ここから少し歩くと傾斜がしだいに増して階段状になる。山頂手前で2箇所ほど手すり代わりになるロープが張られている。

ゆっくり登ると広い展望ができる**高尾山**山頂に着く。眺望のよい場所に15名ほどが座れるベンチや机を備えた展望台、休憩所が整備されている。眺めはすばらしく、東から眉山《びざん》、中津峰山《なかつみねさん》、高越山《こうつざん》、剣山《つるぎさん》など、徳島を代表する山々が広がっている。

山頂から南に下りる登山道は中央谷コースだが、ここでは北へ藍染山を目指そう。「あせび分岐まで1・2キロ、藍染山まで2・5キロ」の表示がある。5分ほど行くと4等三角点の**北高尾山**に着く。ここにも休憩所があり、北から南の稜

■**鉄道・バス**
往路・復路＝JR高徳線板野駅が最寄り駅。奥宮登山口まで歩いて30分ほどかかる。
■**マイカー**
板野町川端の県道12号（鳴門池田線）と県道1号（徳島引田線）の交差点（角にコンビニがある）から県道1号を1・5キロほど北に行くと奥宮神社があり、神社の横を通って北側の高松自動車道をくぐり、奥宮登山口駐車場へ。
■**登山適期**
年間を通して楽しめるが、夏場は暑いため、10〜5月がよい。特にサクラが咲く時期がおすすめだ。
■**アドバイス**
▽三軒屋からは川端登山口や平山登山口を経由して奥宮登山口に戻るこ

線上に藍染山、万石山《まんごくやま》、千石山《せんごくやま》が展望できる。

高尾山山頂から見る吉野川平野。遠景は中津峰山、大川原高原

三角点から細い道のアップ・ダウンを繰り返して行くと**あせび分岐**に着く。さらに20分ほど登ると狭い急斜面となる。登り道に枯れ葉があり、谷側にすべり落ちやすいので注意を要する。藍染山山頂手前に分岐があり、左側の山頂への表示にしたがって、わずかに急な道を登ると**藍染山**山頂に到着する。樹林に囲まれて展望はなく、休憩場所もない。

下山は来た方向と反対側に2分ほど下りた地点から右側の道を引き返し、**高尾山**を経て**奥宮登山口**に戻る。

Ⓑ周回コース

藍染山から往路を戻るのではなく、富《とみ》の谷《たに》、三軒屋を経て奥宮登山口へ戻る周回コースを歩いてみよう。藍染山まではⒶコース通りで、以下、下山コースを案内しよう。

藍染山から富の谷への下りは急で枯れ葉があるため、すべりやすい。25分ほど下りると木立がなくなり、周囲を見わたせる広い場所に出る。標高170㍍付近だ。ここからは登ってきた高尾山、藍染山が展望できる。

さらに下りが続き、枯れ葉も多くてすべりやすい。**富の谷**に下りると林道を歩き、**三軒屋**を経て、高松自動車道沿いの車道を**奥宮登山口**に戻る。

（仁木敏之）

ともできる。三軒屋から20分ほど小高い山へ登ると、「右は高尾山、左は川端・平山登山口」の表示がある。ここから7分ほど左に下りると同じような分岐があり、ここを左に2分ほど下りるとさらに分岐となる。左は川端登山口へ、右に下りると平山登山口に着く。あとは舗装道路を歩いて奥宮登山口まで戻る。

▽平山登山口から高尾山までは1・3㌔、所要約1時間。川端登山口から高尾山までは約1㌔、所要40分。

▽あせび温泉で入浴できる。また、金泉寺や大坂峠、歴史文化公園（埋蔵文化センター）などの観光スポットがある。

■問合せ先

板野町役場☎088・672・5980

■2万5000分ノ1地形図

大寺・引田

CHECK POINT

1

奥宮登山口。駐車場の奥から階段を登って登山道に入る

2

高尾山三角点。北に藍染山、東に大麻山、万石山、千石山を望む

3

あせび温泉、左に鉄塔保線路があせび温泉方面にのびる

4

分岐を左に登れば藍染山山頂だ。樹林に囲まれて展望はない

5

富の谷登山口に下り立つ。あとは林道を歩いて奥宮登山口に戻る

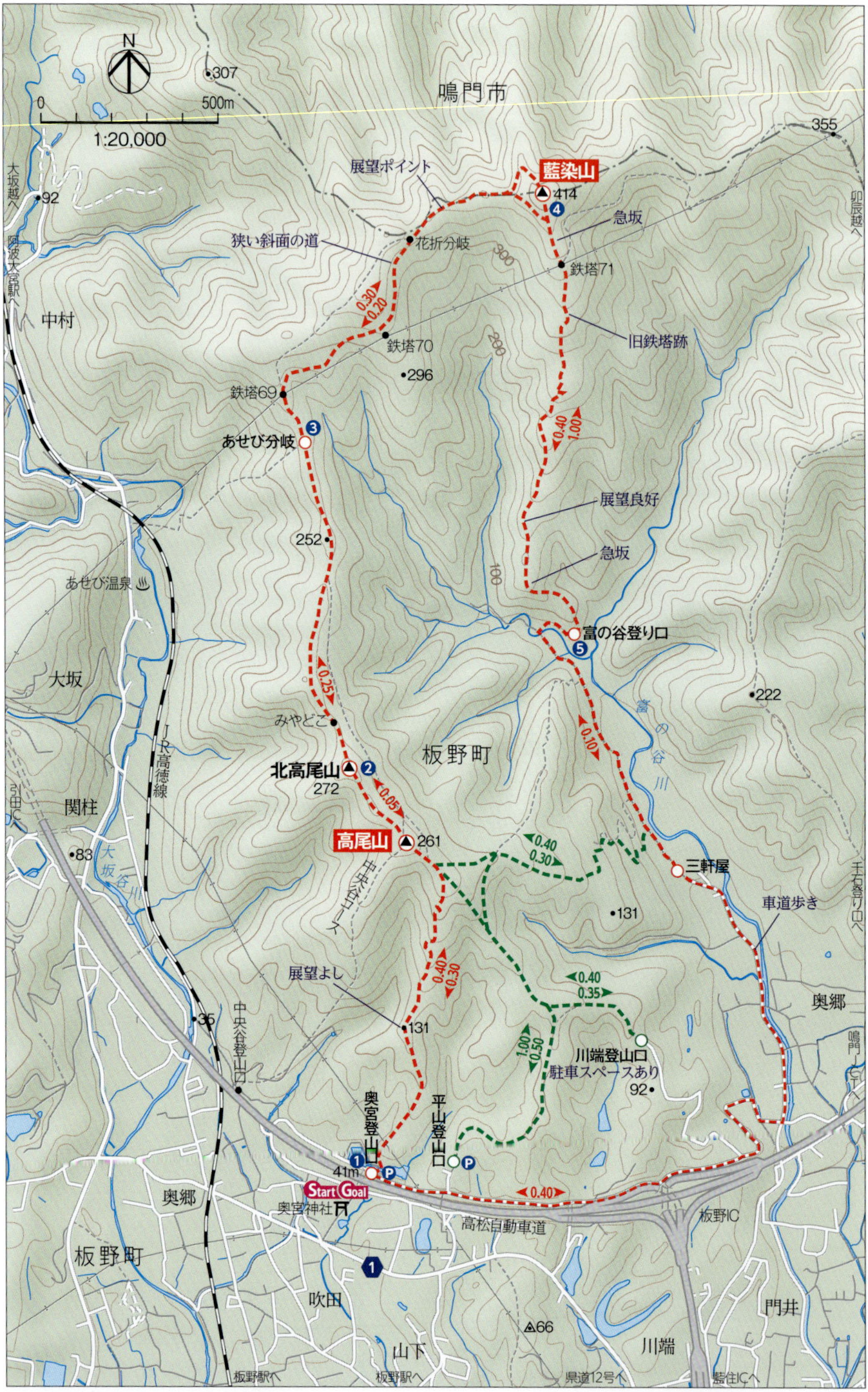

N
0
500m
1:20,000
鳴門市
307
355
藍染山
414
展望ポイント
急坂
狭い斜面の道
花折分岐
300
鉄塔71
0.30
0.20
鉄塔70
旧鉄塔跡
296
200
鉄塔69
0.40
1.00
3
あせび分岐
大坂越へ
92
阿波大宮駅へ
中村
卯辰越へ
展望良好
252
急坂
100
あせび温泉
富の谷登り口
5
大坂
0.25
222
富の谷川
みやどこ
0.10
北高尾山
2
272
板野町
JR高徳線
引田IC
関柱
0.05
高尾山
261
0.40
0.30
83
大坂谷川
中央谷コース
三軒屋
131
車道歩き
千石登り口へ
展望よし
0.40
0.30
0.40
0.35
奥郷
35
中央谷登山口
131
1.00
0.50
川端登山口
駐車スペースあり
92
鳴門ICへ
奥宮登山口
平山登山口
1
41m
P
P
Start Goal
0.40
奥郷
奥宮神社
高松自動車道
板野IC
板野町
1
吹田
門井
66
山下
川端
板野駅へ
板野駅へ
県道12号へ
藍住ICへ

31

大麻山《おおあさやま》

徳島平野を一望でき、日々登山者が絶えない信仰の山

538m

日帰り

歩行時間＝3時間25分
歩行距離＝10・2km

技術度
体力度

コース定数＝17

標高差＝523m

累積標高差 ↗691m ↘691m

大麻山は鳴門《なると》市の最高峰であり、阿波《あわ》一《いち》ノ宮《みや》の大麻比古《おおあさひこ》神社、通称「おわさはん」「弥山《みせん》」の奥宮・峯神社として、古くから親しまれている。阿讃《あさん》山脈東部の一峰であり、七合目から上部は御神体山のため保存され、アカガシやアカマツなどの自然林で覆われている。ニホンザルの生息地としても知られている。

JR板東《ばんどう》駅から四国八十八箇所の**霊山寺《りょうぜんじ》**を経て祓川《はらいかわ》を渡り、**大麻比古神社**に着く。本堂前から斜め右に進み、緩やかな傾斜の舗装路を上がると**登山口**だ。弥山神社の石鳥居の手前を斜め右に進み、コンクリート橋をすぎるとすぐの分岐を左に曲がる。境界の杭に沿ってしばらく行くと登りになる。途中3箇所ロープ場があるが、登山道が深く掘れているので注意しよう。

表参道途中の見晴台から、徳島平野、吉野川河口を望む

旧吉野川から見た大麻山

77番鉄塔から瀬戸内海を望む

■鉄道・バス

往路・復路＝JR高徳線板東駅が最寄り駅。徳島駅から大麻神社前バス停への徳島バスは廃止された。

■マイカー

JR徳島駅を起点とすると約15キロで大麻比古神社駐車場に着く。

■登山適期

一年を通して登られているが、低山なため、梅雨から盛夏は避けた方がよいだろう。秋から春が最適。特に春は新緑がすばらしく、野鳥の宝庫なので観察会も行われている。

■アドバイス

▽頂上からは、表参道から真名井乃水場経由で下ったり、西側は見晴らしのよい四国のみちを歩き、卯辰峠からは車道を歩いて大麻比古神社に帰ったり、東側の北東尾根には四国電力の巡視路があり、下れば板東谷川の採石場経由で帰ることができる。

▽霊山寺は四国八十八箇所参りの一番札所として有名であり、一年中参拝者や巡礼者でにぎわっている。境内の池の鯉は必見。

一番札所霊山寺

標高220㍍付近の休憩ベンチの分岐を直進し、やがて右の小さな尾根に上がり、急登すると標高309㍍の**3等三角点**に着く。北東に日の丸山が見える。

三角点から尾根に沿って緩やかに登ると、途中展望台があり、徳島平野を見下ろすことができる。しばらく行くと真名井乃水《まないのみず》方面の登山道と合流し、右に行く。すぐに大麻山分岐を示す標識があり、左に進む。掘割が終わると分岐があり、直進すると**四国のみち・大麻山分岐**に着く。階段を上がり、整備された四国のみちを卯辰越《うだつごえ》方面に進む。続いて四国のみちの道標前を右に曲がり、しばらく緩やかに下る。鉄塔の巡視路に沿って斜面を横切っていき、最後は右に直角に折れ、急登すると**77番鉄塔**だ。瀬戸内海が一望でき、屋島《やしま》や五剣山《ごけんざん》を見ることができる。

77番鉄塔からは休憩所をすぎ、ウバメガシのトンネルを通る。78番鉄塔の標識とケルンが現れたら、まっすぐ79番鉄塔方面に進む。標高420㍍からは斜め左方向に下り、斜面を横切り、急坂を登ると大麻彦神社奥宮・峯神社の裏に出る。航空灯の鉄塔を回りこむと**大麻山**山頂だ。山頂からの展望はほとんどない。

下山は裏参道、卯辰越、北東尾根採石場経由などがあるが、メインの表参道を下ろう。表参道と裏参道の分岐は右に曲がり、すぐの上部真名井乃水分岐をまっすぐ進み、下部の真名井乃水分岐は右に曲がると往路の**大麻山分岐**に出合う。あとは往路をたどって**板東駅**に戻る。

（渡辺哲郎）

CHECK POINT

1 ＪＲ高徳線板東駅を出たら北に登山道を目指す

2 大麻比古神社の大鳥居をくぐって参道を行く

3 大麻比古神社境内に参拝していこう

4 弥山神社石鳥居右側が登山口となる

5 標高309㍍の３等三角点から日の丸山を望む

6 真名井乃水と大麻山分岐の分かれ

7 大麻山分岐。登りは大麻山頂上、下りは登山口方面へ

8 77番鉄塔。瀬戸内海などの展望がよい

9 大麻山頂上。樹林に囲まれ展望はない

▽鳴門市ドイツ館は、第一次世界大戦時の1917年から約3年間、大麻の板東捕虜収容所ですごしたドイツ兵捕虜と地元の地域住民との間で生まれた文化・技術交流などを展示紹介している。特に大麻比古神社裏にある石造りのメガネ橋は当時のドイツの高度な土木技術によりつくられたものとして有名。

ドイツ館

▽ドイツ館に隣接して「友愛・互助・平和」を説いてキリスト教の伝道を行なった賀川豊彦の生涯と足跡を展示した賀川豊彦記念館がある。

■**問合せ先**
鳴門市役所☎088・684・1111、鳴門市ドイツ館☎088・689・0099、鳴門市賀川豊彦記念館☎088・689・5050

■**2万5000分ノ1地形図**
撫養・引田・板東

N
0
500m
1:25,000
77番鉄塔
大麻山
538
裏参道
峯神社
表参道
卯辰越分岐
真名井乃水
大麻山分岐
341
309
三角点
ベンチあり
四国のみち
卯辰越
291
188
99
弥山神社
登山口
54
197
鳴門市
大麻町桧
大麻比古神社
祓川橋
31
ドイツ館
道の駅「第九の里」
賀川豊彦記念館
鳴門西PA
高松自動車道
四国霊場一番
霊山寺
24
大麻町桧
大麻町
16
極楽寺
板東駅
14m
Start Goal
13
板野町
JR高徳線
河原場
板野ICへ
板野駅へ
徳島市方面へ
徳島駅、鳴門駅へ
鳴門JCTへ
板野ICへ
藍染山へ
板東谷川
樋殿谷川
434
313
196
266
358
69
252
0.25
0.15
0.20
0.30
0.05

32

吉野川平野の展望を楽しみながら歩く里山ルート

気延山

鴨島〜気延山縦走コース

きのべやま　212m
（最高点＝281m／鉄塔22）

日帰り

歩行時間＝5時間40分
歩行距離＝14km

技術度
体力度

コース定数＝27
標高差＝266m
累積標高差　↗1200m　↘1205m

「四国三郎」吉野《よしの》川が雄大に流れる徳島県北部。その中流の吉野川市から徳島市にかけての南岸に、標高200〜300メートルの低山が帯のように連なっている。有名なピークはないが、山脈に沿って続く送電線巡視路を伝えば、吉野川平野の展望と静かな里山の自然を満喫することができる。

このコースは、毎年3月の最終日曜に開催されている、県民縦走ハイク「やまなみウォークラリー」のコースとして全行程が歩かれているほか、麓の集落と結ぶショートコースが多数あり、日課として軽ハイキングを楽しんでいる人も多い。JR徳島線に沿っており、中途で下山しても、徒歩あるいはタクシーで最寄り駅まで戻れるので、まずはJRに乗って鴨島駅からアプローチするのがよいだろう。

鴨島駅から駅前のアーケードを南に進み、国道192号を少し徳島方面に戻り、「吉野川市役所」の標識を目印に、南へ向かう県道31号に入る。田んぼや人家の中を1・5キロあまり進むと、三谷《みたに》川を渡

■鉄道・バス
往路＝JR徳島線鴨島駅から歩きはじめる。
復路＝八倉比売口バス停から徳島バスを利用。徳島駅までは所要約30分。ただしバスの発着時間は事前に確認すること。

■マイカー
縦走コースのため、マイカーは不適。気延山だけに登るなら登山口周辺に有料駐車場があり、利用できる。

■登山適期
低山のため、6〜9月の暑い時期は避けること。この時期は毒虫やヘビなども多く、ハゼやヤマウルシなどに負ける恐れもある。季節は新緑の3〜5月がベスト。珍しい植物はないが、ウツギ、ガマズミ、ヤマザクラなどが目を楽しませる。また、11月以降の冬枯れの時期も展望がきいてよい。

■アドバイス
▽コースの中で最も間違いやすいのが、県道31号と分かれて、三谷川沿いの市道に入る地点。森藤ふれあい

北側の向麻山から望むコース全景。左端の山は眉山、その右の三角形の山が気延山

ランドと真言宗三谷寺の案内看板があり、これを目印に市道に入る。タクシーなら三谷の龍王神社まで約2キロ。

▽毎年3月最終日曜に徳島県勤労者山岳連盟主催による県民縦走ハイク「やまなみウォークラリー」が開かれ、当日は100〜200名が春の1日を楽しんでいる。コースは気延山からさらに一宮橋で鮎喰川を渡り、鮎喰川沿いに僧都まで歩き、さらに眉山を縦走して徳島市の天神社に下山する。標準コースタイムは10時間前後だが、健脚は4〜5時間で走破する。

▽コースのほとんどが送電線巡視路で、赤白の杭に鉄塔番号を表示した四国電力の案内表が参考になる。

▽気延山から、少し戻り、県立野鳥の森を経て、北に下山することもできる。JR石井駅まで歩いてもよいし、国道192号には路線バスも走っている。

■問合せ先

吉野川市役所☎0883・22・2226、石井町役場☎088・674・1111、徳島市役所☎088・621・5111、JR徳島駅☎088・622・7935、JR鴨島駅☎0883・24・2239、徳島バス☎088・622・1811

■2万5000分ノ1地形図

川島・石井

徳島市国府町の徳島北環状道路付近から望む気延山

る橋があり、ここで県道と分かれて谷沿いの道に入る。「森藤ふれあいランド」の標識を目印にするとよい。民家の中を抜けると、登山口となる**三谷龍王神社**がある。

登山口から舗装のとぎれた荒れた車道を谷に沿って登っていく。コンクリートの橋を渡り、しばらく行くと竹林を抜けたところで、左に折り返すように送電線巡視路に入る。気延山までは、終始この送電線巡視路を伝っていくことになる。いくつか谷を渡りながら、山腹を巻いて道が続いている。桧林と雑木林が交互に現れ、鉄塔22がコースの**最高点**。ここから道は稜線の南側に変わるが、すぐに北に戻り、曲突越《くどうごえ》まで下る。

曲突越では、狭い林道が横切り、北に下ると下浦《しもうら》駅に下山できる。コースは曲突越からほぼ稜線通しの道になる。送電線も2系統になるが、背の高い20番台の鉄塔に沿って歩いていく。鉄塔の周辺では樹木がなく、大展

吉野川（阿波中央橋）から望むコース全景。左端は眉山、その手前が気延山

望が楽しめる。**童学寺越**《どうがくじごえ》の鞍部をすぎ、鉄塔25と26の間の前山《まえやま》のコルには、石井《いしい》の前山公園からの車道が上がってきており、休憩所がある。

鉄塔26をすぎると樹林帯となり、展望がなくなる。やがて野鳥の森の上部に出て、気延山へは標識にしたがって右に分かれる巡視路を登る。稜線を登りつめると気延山の頂上直下だが、まずは巡視路を鉄塔31までたどり、吉野川から眉山にかけての大展望を楽しむとよい。**気延山**頂上は祠と三角点があるだけで展望はない。

下山は、気延山から少し東に尾根をたどり、そこから南にのびる八倉比売《やくらひめ》神社へのルートをとる。20分強で尾根上にある八倉比売神社に飛び出す。187段の石段を下ると車道に出て、さらに下ると**阿波史跡公園**の入口に出る。トイレもあり、時間があれば見学するとよい。さらに1キロほど歩いて**八倉比売口バス停**から帰途につく。（早田健治）

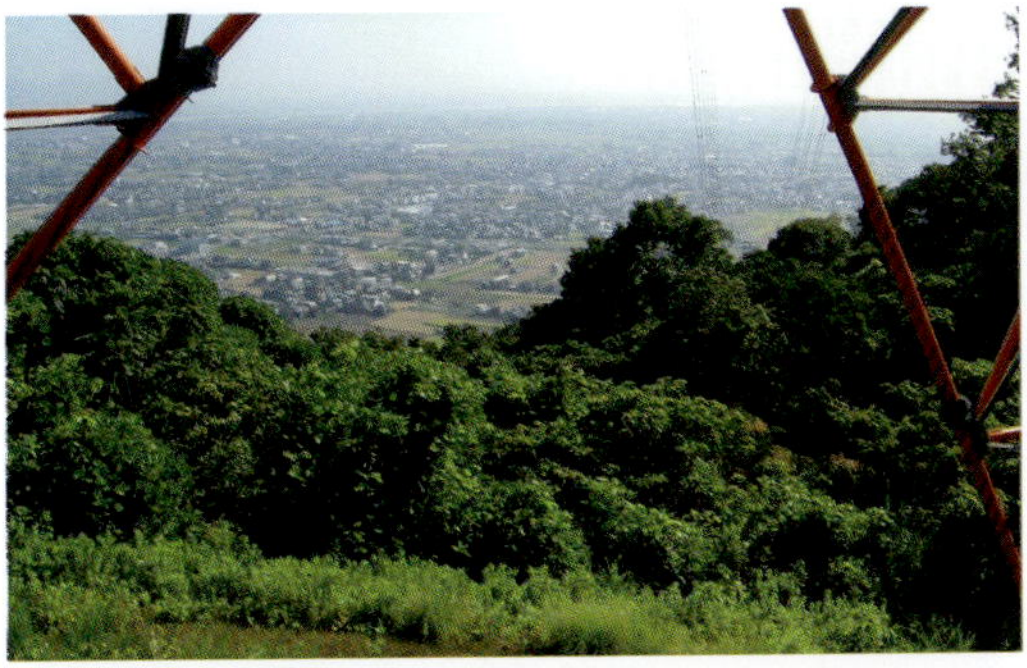

気延山直下の31号鉄塔からの展望

CHECK POINT

1 山道がはじまる三谷龍王神社前

2 曲突越では神山町長谷と石井町浦庄を結ぶ荒れた車道が横切る

3 童学寺越は古い峠道。下を県道のトンネルが通る

4 石井から車道が通じる前山のコル。展望もよく休憩に最適

5 野鳥の森への下山路の分岐点。遊歩道が整備されている

6 気延山山頂。展望はあまりよくない

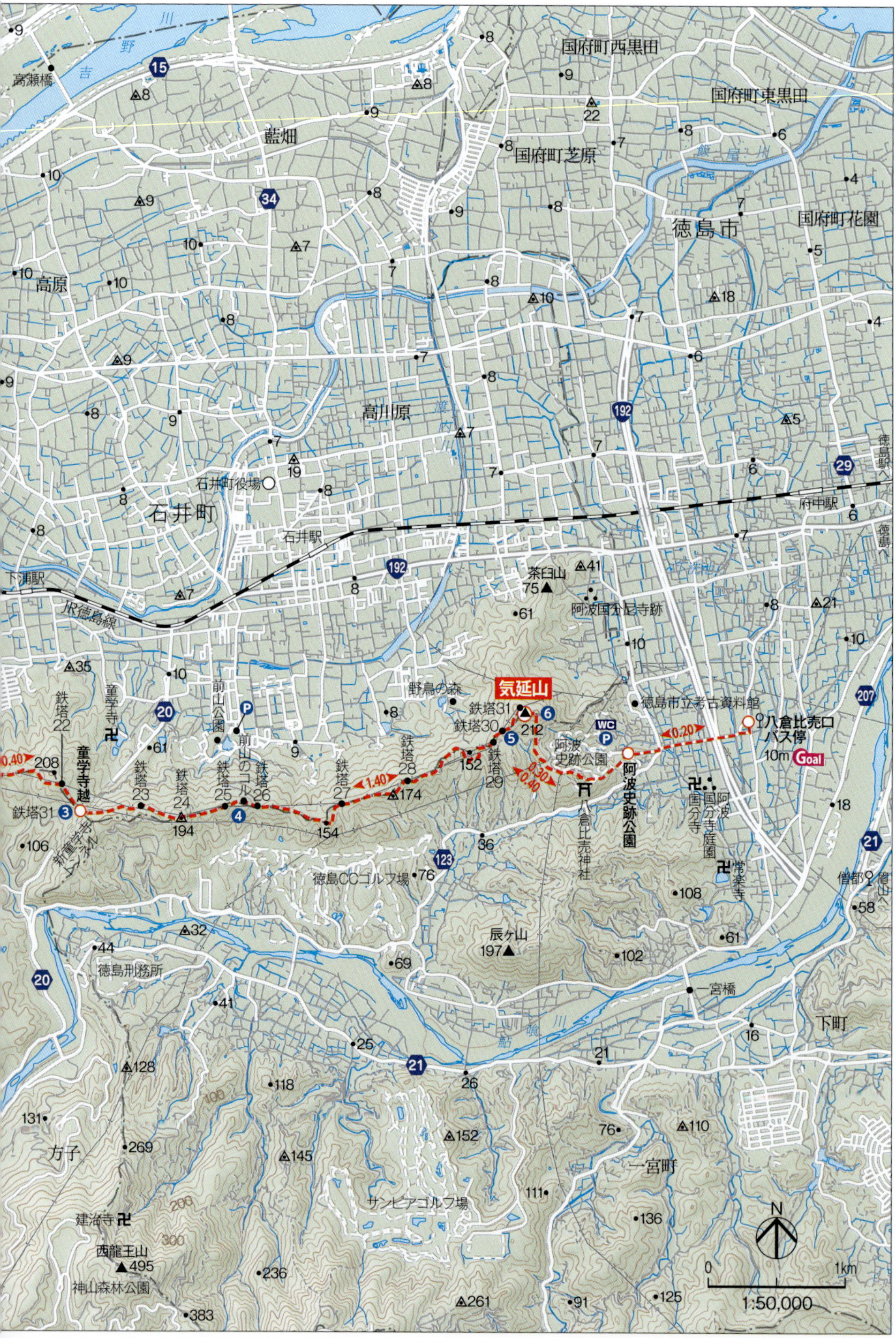

気延山
高瀬橋
藍畑
高原
石井町
石井町役場
石井駅
下浦駅
JR徳島線
高川原
国府町西黒田
国府町東黒田
国府町芝原
国府町花園
徳島市
府中駅
徳島駅へ
茶臼山
阿波国分尼寺跡
野鳥の森
鉄塔31
鉄塔30
鉄塔29
鉄塔28
鉄塔27
鉄塔26
鉄塔25
鉄塔24
鉄塔23
鉄塔22
鉄塔31
童学寺越
童学寺
前山公園
前山のコル
新童学寺トンネル
阿波史跡公園
八倉比売神社
徳島市立考古資料館
八倉比売口バス停
Goal
国分寺
阿波国分寺庭園
常楽寺
徳島CCゴルフ場
辰ヶ山
徳島刑務所
一宮橋
下町
方子
建治寺
西龍王山
神山森林公園
サンピアゴルフ場
一宮町
1:50,000

吉野町西条
瀬部
上板町
乳保神社のイチョウ
吉野町柿原
阿波市
吉野川
西条大橋
阿波中央橋
吉野川市
鴨島町知恵島
鴨島町牛島
鴨島町喜来
15m
Start
鴨島駅
麻植塚駅
牛島駅
阿波川島駅へ
飯尾川
向麻山
鴨島町上下島
鴨島町上浦
浦庄
鴨島町飯尾
鴨島町山路
処分場
三谷寺
藤井寺
橋を渡る
三谷龍王神社
森藤ふれあいランド
コンクリートの橋
廃屋がある
梨ノ峠
鉄塔13
鉄塔16
鉄塔22
鉄塔25
最高点
標高281m
曲突越
0.40
1.30
1.10
0.30
北倉目
南倉目
長谷
GCゴルフ場
折木
中峯
田ノ窪
下地
雨返
神山町

33 展望とやすらぎの徳島市のシンボル

眉山①

びざん
277m（三角点）

日帰り

歩行時間＝1時間25分
歩行距離＝3・1km

技術度

体力度

コース定数＝7

標高差＝669m

累積標高差 ↗317m ↘328m

眉山は吉野《よしの》川の下流右岸、徳島市を背景に、どっしりと腰を横たえている低山だ。吉野川北岸からの遠望は、流れるような眉の形に似てきわめて優美である。春のサクラと秋のもみじの時期は全山が変色し、最高の景観を発揮する。山頂からの展望もすばらしく、北は吉野川を囲んで大麻山《おおあさやま》をはじめ、阿讃《あさん》の山々や淡路島《あわじしま》、南は剣《つるぎ》山《さん》山系、正面は遠く和歌山の山並みを望むこともできる。

市民をはじめ、多くの人々から親しまれている山だけに、登山コースは多いが、ここでは緩やかで登りやすい金比羅《こんぴら》神社登山口からのコースを歩いてみよう。

眉山南東麓の**金比羅下バス停**から歩きはじめると、天保年間に藍師が寄贈したといわれる、高さ10《メートル》を超える日本一を誇る大きな石灯籠が目につく。鳥居をくぐり、石段を登ると金比羅神社境内に入る。さらに左手の長い階段を登ると**忌部《いんべ》神社**の境内に着く。

この先、山手側にミニ八十八箇所の祠が並ぶ細い車道を進むと、眉山パークウェイの道路からT字型に分岐した車道に突き当たる。この道を右にわずかに進むと「行場参道」の標識のある登山口の**霊場参道口**だ。階段に沿って登るとまもなく稜線に出る。ミニ八十八箇所の祠の並ぶ緩やかな稜線を登っていくと、左手に眉山パークウェイの道路が下に見えてくる。

小さなピークを越えると少し広くなった鞍部の**休憩所**に下る。ベンチが置かれているの休んでいこう。ここで八十八箇所のコースと分かれる。登りはじめると勾配が少し増して、登山道も細くなる。濡れている場合は特に露岩ですべらないように注意が必要になる。

しばらく進んでさらに傾斜が急になると、まもなく視界が開け、目の前に山頂のパコダが見えてくる。舗装された遊歩道に出たら、

■鉄道・バス

往路＝JR徳島駅から、徳島市バス上八万方面行きに乗り、金比羅下バス停で下車する。あるいはJR牟岐線二軒屋駅で下車すれば約10分で忌部神社に行くことができる。

■マイカー

マイカーで訪れる場合は、南二軒屋町から眉山パークウェイか南庄町から西部ドライブウェイを利用するとよい。

■登山適期

山道のほとんどが樹林帯なので、夏場も比較的涼しく、冬場も雪がないので、一年を通じて楽しく登ることができる。春のサクラ（3月末〜4月初旬）、紅葉の時期（11月後半）が特におすすめ。

■アドバイス

▽山頂近くの天空のスカイビュー眉山海月にレストランがあるので立ち寄るとよい。徳島駅までの定期送迎バスも利用できる。

▽天神社から山頂までロープウェイも運行している。

▽阿波おどり会館（☎088・611・1611）には阿波おどりの実演と県下の土産物がすべてそろっている。受付では「眉山を歩こう」の散策マップがもらえる。

▽中腹には新四国八十八箇所と西四国三十三箇所霊場を兼ねた巡拝道がある。所要時間は約1時間30分。

眉山山頂から徳島市街地と吉野川を俯瞰する

第２次世界大戦の戦死者を慰霊するパゴダ（平和記念塔）

徳島市街から望む眉山

▽山頂一帯は眉山公園として整備され、ロープウェイ山頂駅、平和への願いをこめたパゴダ塔（平和記念塔）、文人モラエスをしのぶモラエス館（閉館）、洋風のあずまやのガゼボなどがある。

■問合せ先
徳島市役所☎088・621・5111、徳島市バス☎088・623・2154、眉山海月☎050・3161・9614、眉山ロープウェイ☎088・652・3617

■2万5000分ノ1地形図
徳島

あとは階段をゆっくり上がると、見晴しのよい**眉山**山頂に到着する。電波塔や、ロープウェイの山頂駅、平和記念塔のパゴダとその北側に三角点もある。

展望を漫喫したら、帰路は往路を戻るのもよいが、山頂の北端にある剣山《つるぎさん》神社の東に下りる天神《てんじん》さんコースを下ろう。北の電波塔のフェンス際に諏訪《すわ》神社と三島《みしま》神社の分岐の標識があり、ここが**下山口**。右側の三島神社コースを下りる。石畳の少し急勾配の、昔からの参道と平行に新しい山道もつくられていて、こちらの方がすべらず歩きやすい。休憩場所や**春日神社との分岐**を経て、直進すると**三島神社**に下山できる。あとは15分あまり歩けばJR徳島駅にも佐古《さこ》駅にも行ける。

（勝浦忠孝）

CHECK POINT

金比羅神社が登山口となる。左が日本一の高さ10㍍を誇る石灯籠。中央の鳥居をくぐって境内に入る

「勢見のこんぴらさん」として徳島市民にはなじみの深い金比羅神社。登山の安全を祈願していこう

金比羅神社左手の長い階段を登ると、阿波忌部氏の祖神である天日鷲神を祀る忌部神社境内に入る

忌部神社から車道を行き、T字路を右に少し行くと霊場参道口で車道を離れ、階段状の登山道に入る

眉山山頂公園でひと休みしたら、山頂北端にある剣山神社に向かおう。裏側に下山口がある

剣山神社裏にある三島神社・諏訪神社下山口。ここから北に下山路に入り、春日神社、三島神社方向に下っていく

春日神社分岐で右に春日神社への道を分け、直進して三島神社を目指す

下山口の三島神社。ここからJR徳島駅へは約15分ほどの距離

＊コース図は110㌻を参照。

やまなみウォークラリーのコースを歩く
眉山② 僧都～眉山縦走

日帰り

歩行時間＝3時間45分
歩行距離＝9・0km

びざん
290m（最高点）

技術度
体力度

コース定数＝18	
標高差＝667m	
累積標高差	787m（登り）
	802m（下り）

山頂付近

　眉山は徳島市の中心に鎮座し、吉野《よしの》川の北岸からは麗人の眉のようにも見え、市民に親しまれている徳島の名山だ。この山の上辺をなぞって歩く、僧都《そうず》～眉山縦走コースを紹介しよう。毎年徳島県勤労者山岳連盟主催で行われている「やまなみウォークラリー」の僧都～眉山コースでもある。

　徳島市バス名東行き終点の**僧都バス停**で下車し、南に進む。すぐに県道21号との交差点に出る。

　ここが僧都コースのスタート地点。左手の細い車道を道なりに進み、最奥の民家を右折し、20㍍ほど進んだ竹林の間が**僧都登山口**となる。

　沢に沿って荒れた道を登ると、まもなく主稜線に取り付く。北に進むと、少し急登してひとつ目のピークに達する。その後、小さなピークを越えると唯一、南側に中《なか》津峰山《つみねさん》や大川原《おおかわら》高原が見えてくる。ほどなく3等三角点のある**196㍍ピーク**に到着する。

　下り道となり、ゴルフ場が見えるあたりから斜度が増してくる。ロープが設置されているが、すべらないよう注意したい。

　谷沿いに下るとすぐに林道に出て、1㌔ほど舗装された車道を歩くと広い車道に出る。地蔵越のチェックポイントで、峠の南端に**眉山登山口**を示す案内板がある。

　登山口から階段を登ると、すぐに休憩場所をすぎ、急登して送電線の鉄塔を越えると三角点のある234㍍のピークに着く。さらに3つほど小さなピークを越えると少し南側に展望が開けた290㍍標高点の**眉山最高点**に登り着く。

　最高点からは小さなピークを巻くように緩やかな下りが続き、やがて電波塔の建造物が見えると階段を下って、眉山～西部《せいぶ》公園への**車道**に出合う。この車道を歩いてもよいが、峠の北端に登山道があ

り、これを登ると車道の歩きが5分ほど短くなる。

再び車道に出て1キロほど進むと「やまなみウォークラリー」の**ゴール**である駐車場入口の休憩所に着く。ここから階段を上がれば、アンテナ塔やパコダ、ロープウェイ山頂駅などの建物が建ち並ぶ**眉山山頂**だ。展望台から眼下に徳島市内が展望できる。

下山はパコダの南から下りる金《こん》比《ぴ》羅《ら》コースや、剣山《つるぎさん》神社の東隅から天神社《てんじんじゃ》への下山コースがある。後者を下ることにしよう。**下山口**から、はじめは石畳の道で、木の根やゴツゴツした石で歩きにくい。やがてロープウェイの架台下から眼下の街が見えると、パークウェイからの分岐の**車道**に出合う。続いて長い階段を下ると天神社に下り着く。すぐ下がロープウェイの乗り場でもある**阿波踊り会館**だ。あとは広い道を直進してJR徳島駅へ向かうことになる。

（勝浦忠孝）

■鉄道・バス
往路＝JR徳島駅から徳島市バス名東行きを利用し、終点の僧都バス停で下車する。
復路＝下山口の阿波踊り会館から徒歩でJR徳島駅へ。

■マイカー
縦走コースなのでマイカーは不適。

■登山適期
春のサクラ（3月末～4月初旬）、秋の紅葉の時期（11月後半）が特によいが、山道のほとんどが樹林帯なので、夏場も比較的涼しく、冬場も雪がないので、1年を通じて楽しく登ることができる。

■アドバイス
▽山頂近くの天空のスカイビュー眉山海月にレストランがある。徳島駅までの定期送迎バスも利用できる。
▽眉山山頂一帯については前項を参照のこと。
▽下山路には金比羅神社や三島神社など、いくつかのコースがある。

■問合せ先
徳島市役所☎088・621・51

鮎喰川北岸から見た眉山全景

CHECK POINT

登山路への入口。狭い車道を登山口に向かう

僧都登山口。ここから登山道に入る

いったん車道に下りた先にある地蔵越の眉山登山口

234㍍の4等三角点を越えていく

２９０㍍の標高点がある眉山最高点

車道に出て、1㌔ほど歩いて階段を登る

アンテナ塔が林立する眉山公園の一角

剣山神社の東隅から下山コースを下っていく

天神社に下りたところで縦走山行が終わる

山頂から徳島市街を見下ろす。中央を吉野川が流れる

11、徳島市バス☎088・623・2154、眉山海月☎050・3161・9614、眉山ロープウェイ☎088・652・3617

■2万5000分ノ1地形図
徳島

佐古駅へ
田宮川
蔵本駅
本町
佐古六番町
佐古四番町
佐古二番町
出来島本町
JR高徳線
佐古八番町
徳島大医学部
南佐古七番町
南佐古五番町
南佐古三番町
南佐古一番町
諏訪神社
南蔵本町
Goal
三島神社
33-8
33-7
春日神社分岐
春日神社
徳島藩主蜂須賀家墓所
新町橋
徳島駅
国道55号へ
34-8
石段
山麓駅
Goal
阿波踊り会館
天神社
34-9
剣山神社
下山口
33-6
ゴール
徳島市
眉山公園
眉山ロープウエイ
車道
山頂駅
眉山
パゴダ塔
33-5
舗装道路に出る
車道
34-6
34-7
眉山パークウエイ
天空のスカイビュー眉山海月(旧かんぽの宿徳島)
休憩所
秋田町
霊場参道口
霊山神社
Start
金比羅下バス停
33-1 2
33-4
忌部神社
33-3
金比羅神社
眉山最高点
34-5
中津浦
109 勢見山
徳島駅へ
二軒屋駅
支援学校
上福万
柿谷
沖浜町
千鳥
JR牟岐線
八幡神社
宮ノ谷
夷山
問屋町
冷田川
八万町
新貝
大坪
橘本
川南
文化の森駅
大野
園瀬川
寺山
法花
法花谷
七ツ山
文化の森総合公園
二十一世紀館
向寺山
犬山
上八万へ
地蔵橋駅へ

中筋
和田
JR徳島線
鮎喰駅
石井駅
府中駅
蔵本公
上鮎喰橋
鮎喰町
南庄町
石井へ
西部公園
森林林業研究所
加茂名町
名東町
鮎喰川
地蔵院
地蔵越
眉山登山口
34-3
34-4
眉山CC
17m
Start
僧都バス停
若宮神社
34-1
34-2
僧都登山口
196m
ピーク
林道に出る
主稜線に出る
濃家
川西
川北
鴨島へ
宮島へ
上中筋
下中筋
1:25,000
0
500m

35

四季折々の自然が楽しめる地元で親しまれる山

中津峰山

なかつみねさん
773m

日帰り

歩行時間＝4時間
歩行距離＝9.0km

技術度
体力度

コース定数＝21
標高差＝746m
累積標高差 ↗1000m ↘1000m

徳島市の南に位置する中津峰山は、四国分水嶺の東端にあたり、その秀麗な山容は「阿波《あわ》三峰」のひとつとして、広く知られている。

勝浦川堤防上から望む中津峰山。左のピークは平石山

徳島市最高峰でもあり、「中津峰の観音さん」として親しまれ、古刹の如意輪寺《にょいりんじ》、四国霊場奥の院・星《しょう》谷寺《こくじ》を有し、森林公園や八多五滝《はたごたき》の瀑布とともに徳島市民の憩いの場となっている。

多彩なコースがあるが、ここでは「一風新道」と通称されているコースを紹介しよう。**金谷《かなや》登山口**からいきなりの急登になる。10分ほどで、支尾根の4等三角点峰に上がる。支尾根に沿って登っていくと舗装された林道に出る。この林道を進んでいくと右手に地蔵が並んでいて、その先から再び山道に入り、やがて阿南《あなん》火力線**44番鉄塔**の広場に出る。

この先から急登になり、**平石山との稜線分岐**に出合う。なだらかな雑木の稜線を歩いていくと、やがて左が杉植林地の直登がはじまり、登りつめれば大岩の展望地となる。山頂はもうすぐで、石垣の石門をくぐれば天津《あまつ》神社の境内に入り、そのすぐ右上が2等三角点の**中津峰山**だ。

下山は「四国のみち」の標識にしたがって北に下る。途中に如意輪寺への分岐があり、ここから如意輪寺に下り、遍路道で登山口に帰ることもできる。ここではそのまま下って**車道**を横切り、無線中継局の作業道へ進む。無線塔の脇から山道に入っていくと阿南火力線**鉄塔47番**がある。シダが生い茂り、やや急な尾根道を下っていけば山方比古《やまかたひこ》神社の脇に下り立ち、金谷橋を渡れば**金山登山口**に帰ってくる。

（中野裕司）

サブコース 星谷運動公園から

南の勝浦町側から「四国のみち」で山頂に向かうコースもある。勝浦町道の駅「ひなの里かつうら」から勝浦川を渡った**星谷運動公園駐車場**から歩きはじめる。要所に「四国のみち」の案内標柱があるので道迷いの心配はない。途中の**星谷寺**には滝を裏側から見ることができる裏見の滝がある。

寺の社務所脇から山際を進み、**仏石分岐**から尾根を北に上がって林道を2度横切る。フライトパーク脇に出ると大きな無線塔が現れ、その少し上が**中津峰山**山頂だ。

■鉄道・バス
往路・復路＝JR徳島駅から徳島バス五滝線に乗り、多家良バス停で下車、徒歩15分で登山口。バスの便数は少ないので車の利用が望ましい。

■マイカー
徳島自動車道徳島ICから国道11号を南進、勝浦川橋手前を右折して勝浦川左岸を進む。吉田橋を渡って右折、県道33号を西進。中津峰如意輪寺への道路標識にしたがって進めば、

CHECK POINT

1 金谷の駐車場。川沿いに10台以上駐車できる。トイレや水場はない

2 阿南火力線No.44鉄塔。徳島市から淡路島にかけての展望がある休憩ポイント

3 平石山分岐。平石山へは左の道へ、往復35分ほどなので立ち寄ってもよい

4 天津神社を囲む石垣。山頂三角点は社の右脇上にある

5 中津峰山山頂。南側の展望が開けている

金谷川沿いに10台ほど駐車できる登山口に着く。トイレや水場はない。

■登山適期

冬も積雪がないので日溜まり登山が楽しめるため、一年を通じて登られている。

■アドバイス

▽森林公園や如意輪寺は広い駐車場を備え、水場やトイレもあり、ここからも手軽に山頂に登れる。

▽本書の2018年の初版時に通行止めだった四国のみち「中津峰山越の道」は、2025年2月現在は通行可能で、八多五滝へも行ける。

■問合せ先

徳島市役所☎088・621・5111、徳島バス☎088・622・1811

■2万5000分ノ1地形図

立江

36

かつての遍路道の難所のピークを目指す2つのコース

太龍寺山

たいりゅうじさん
618m

日帰り

Ⓐいわや道コース　歩行時間＝4時間10分　歩行距離＝11.2km　技術度　体力度

Ⓑかも道コース　歩行時間＝5時間45分　歩行距離＝13.9km　技術度　体力度

コース定数＝Ⓐ24Ⓑ28

標高差＝Ⓐ551mⒷ657m

累積標高差　Ⓐ ↗919m ↘919m　Ⓑ ↗1205m ↘1205m

山さきもりからの太龍寺山

太龍寺山は、山頂近くに四国霊場21番札所の太龍寺があり、登山の対象よりも信仰の山として古くから知られ、三角点のある補陀落《ほだらく》山《さん》と太龍寺の上にある弥山《みせん》の2つのピークがある。かつては阿波路《あわじ》をめぐる遍路道の難所のひとつとして知られていたが、現在では大型ロープウェイが通じて難所の様相が一変している。

Ⓐいわや道コース

登路は、阿南《あなん》市吉井《よしい》町をはじめ、加茂《かも》町、阿瀬比《あせび》町、那賀《なか》町中山《なかやま》など数コースがある。ここでは阿瀬比町を出発、いわや道を通り、補陀落山に登って中山へ下りるコース紹介しよう。**道の駅「わじき」**から5分ほど歩くと**阿瀬比交差点**になり、北へ曲がり、すぐに西にのびている狭い道に入る。ここが登山口になる。ほどなく杉林になり、本格的な山道になる。樹林帯の中をさらに進むと尾根に出て快適な山道が続く。適所に距離標が設置されている。

岩峰の南舎心ヶ嶽

太龍寺から来る遍路道との**合流点**で左折する。15分の登りで**太龍寺山**に着く。樹木に覆われて展望はないが、北方面だけは太龍寺やロープウェイ鉄塔を確認できる。

下山は、遍路道を南に向かい、1時間ほどで那賀町中山の**持福院《じふくいん》**へ下りる。車道を5分進むと国道195号に出る。すぐ近くにバス停があるが、便数が少ないので利用は難しい。さらに1時間ほど歩

■**鉄道・バス**

Ⓐ往路・復路＝徳島駅から徳島バスを利用。橘営業所バス停で徳島バス南部に乗り換え、阿瀬比バス停下車。所要約1時間45分前後。

Ⓑ往路・復路＝JR牟岐線阿南駅から加茂谷行き徳島バス南部で終点下車。所要約40分。

いずれも便数が少なく、運行時間を考慮すると、マイカー利用が一般的。

■**マイカー**

Ⓐ徳島市街からは国道55号、県道28号、国道195号などで約30㌔。

Ⓑ徳島市街からは国道55号、県道28号などで約24㌔。

■**登山適期**

蒸し暑い夏場を除く通年。

■**アドバイス**

▽家族連れのハイキングなら、那賀町から太龍寺ロープウェイの利用も考えたい。遠くは阿南市橘湾まで望め、すばらしい空中散歩が楽しめる。

▽四国のみちの太龍寺道にある若杉山遺跡は、戦後ミカン畑の開墾の際に、多量の石臼、土器などが出土し、全国初の古墳時代の水銀朱採掘遺跡として知られている。

▽お松大権現は、有馬、鍋島の猫騒動とともに、日本三大怪猫伝として名高く、勝負、願いごとの神様として有名で、特に受験シーズンは合格祈願の参拝客でにぎわう。

■**問合せ先**

CHECK POINT—Ⓐいわや道コース

阿瀬比付近の遍路道

平等寺道分岐

かも道との合流点

太龍寺山山頂

中道を持福院へ下る

CHECK POINT—Ⓑかも道コース

太龍寺の丁石

大師像

4分岐点

北地分岐

太龍寺山山頂

いて**道の駅「わじき」**に戻る。

Ⓑかも道コース

阿南市加茂町から、かも道を通って補陀落山に登り、加茂町へ戻るコース。**お松権現社駐車場**から県道28号を横切り**一宿寺**へ。境内に入ると左側に登山口がある。青の道竹林をすぎ、灌木林の長いジグザグの急斜面を登ると展望のよい稜線の**広場**に出る。多少のアップダウンはあるものの、整備された歩きやすい参道を行くと、やがて**4分岐点**に着く。コンクリートの道となり、ロープウェイ山頂駅をすぎると、下り坂の途中に南舎心ヶ嶽がある。切り立った断崖の上に空海の像が置かれている。いわや道との**合流点**から15分ほどで**太龍寺山**山頂だ。

下山は往路を戻るか、Ⓐいわや道を下ってもよい。（中矢 弘）

那賀町役場☎0884・62・1121、阿南市役所☎0884・22・1111、バスの問合せ先は70ジ゛を参照

■**2万5000分ノ1地形図**
馬場・立江

鉄塔21号から望む後世山

37

目の神様として敬われる後世神社を擁する北河内谷源流の山

後世山

日帰り

ごぜやま
539m（南峰）

歩行時間＝2時間55分
歩行距離＝5・9㎞

技術度
体力度

コース定数＝Ⓐ15Ⓑ15

標高差＝Ⓐ419mⒷ474m

累積標高差 Ⓐ↗716m↘716m Ⓑ↗726m↘726m

後世山は、阿南《あなん》市と美波《みなみ》町の市町境にある山で、「御世山」とも記され、南峰と北峰の2つの山頂をもっている。2等三角点の南峰は樹林の中で展望はない。北峰は南の方角以外は展望がよく、東に橘《たちばな》湾、北側に遠く大川原《おおかわら》の風車を見ることができる。頂上近くの後世神社は目の神様として敬われ、四方から参道が続いている。

Ⓐ阿南丹生谷《あなんにゅうたに》広域農道の元信《もとのぶ》トンネルの東側200㍍が**登山口**。「後世山登山口」の標識があるのでわかりやすい。最初から急登だが、道幅は広くて歩きやすい。10分弱で**釼神社との分岐**に着く。左に進むとほどなく**鉄塔21号**に出合う。展望がよいので休んでいこう。

雑木の混じる植林帯を行けば、やがて「12丁」の標識がある分岐に着く。右に進めば急坂の尾根で、石土神社の裏を通り山頂へ。ここでは左へ進むと**後世神社**に着く。東側に橘湾が一望できる。ここから西へ20分ほど行き、北に向かうようになると**後世山南**

後世山北峰山頂から（北西方面の山々）

後世山北峰。南方より標高は低いが、展望はよい

■鉄道・バス

往路・復路＝ⒶⒷともにマイカーかタクシー（桑野タクシー☎0884・26・0221）の利用となる。

■マイカー

ⒶJR新野駅から県道35号を西へ走ると道端に「えび川」の標識があり、左折して海老川へ走る。道なりに進んで高度を上げ、元信トンネル手前の登山口へ。新野駅から約12㌔。

ⒷJR阿波福井駅から国道55号を南下。福井ダムをすぎて左に日和佐道路、県道25号を見すごして星越トンネル手前で右に旧道に入り、旧星越峠が登山口。阿波福井駅から約7・5㌔の距離。

■登山適期

一年を通して登られているが、春の花の時期、秋の紅葉の時期がベスト。

■アドバイス

▽後世山北峰から北に石土神社経由の下山道は、一部に鎖場があり、慎重に行動すること。

▽紹介した2コースのほかに、福井ダム上流の下原地区から登る下原コースがあるが、不明瞭な部分も多く、登られることは少ないようだ。入山は経験者の同行が必須。初心者は避けること。

■問合せ先

阿南市役所☎0884・22・1111、美波町役場☎0884・77・1111

サブコース 旧星越峠から

Ⓑ国道55号星越トンネルの手前から旧国道に入り、旧星越峠へ。峠付近に駐車し、北に分かれる車道に入る。やがてゲートの分岐を左にとり、阿南市と美波町の境界の尾根沿いの桧林の中をほぼ等高線状に進む。祠のあるコルを経て南面の明るい広場に出る。ここから山道になり、３６４メートル峰の西南山腹を横切り、しばらく薄暗いカシの林を登る。続いて南面山腹を登っていくと、ひょっこりと後世神社に飛び出す。

CHECK POINT

1 海老川登山口。りっぱな案内板がある

2 後世神社の分岐。左に後世神社方向へ進む。直登すると北峰に出る

3 後世神社。鳥居と小さな本殿がある。東側の展望が開ける

4 後世山南峰。展望はないが、最高点で2等三角点がある

峰山頂だ。最高点で三角点もあるが樹林帯の中で展望はないので、早々に先を目指そう。5分も歩けば**北峰**に到着する。北面に大川原高原、高丸山《たかまるやま》を望み、東面、西面の展望もすばらしい。下山は北の石土《いしづち》神社を通る道へ。こちらは急な下りのためロープが何箇所かあり、慎重を要する。（富永邦雄）

■2万5000分ノ1地形図
阿波由岐

38

爽やかな風が吹く大展望と1等三角点の山

明神山

みょうじんさん
442m

日帰り

歩行時間＝3時間20分
歩行距離＝9・5㎞

技術度
体力度

コース定数＝15
標高差＝421m
累積標高差 615m 620m

↑電波塔が林立する明神山頂稜。景色もよければ、電波状態もよい

太平洋の絶景を見ながら阿波福井駅へ四国のみちを下る

太平洋を大展望できる徳島の山といえば、明神山を第一に思いつく。阿南《あなん》市から国道55号を南に走ると左手に見えてくる。山頂部に電波塔をもつ山がそうだ。南側は直線距離わずか1・5キロで太平洋の海岸線に達する。1等三角点の山でもあり、滔々たる四国の山並みと豪快な四国東岸の海岸線を望むことができる。山頂直下まで車道があり、数々の電波塔が立ち並んでいて、自然を楽しむにはやや人臭い山頂だが、あまりにも雄大な展望は、それをちっぽけなことと感じさせてくれる。なお明神山は四国最東端の蒲生田《かもだ》岬から最西端の佐田《さた》岬まで続く、四国を南北に分ける分水嶺上の山でもある。

阿南市からのバスを**働々《どうどう》バス停**で降り、椿《つばき》川にかかる橋を渡り、すぐに右の道に入る。田んぼの中を進むとT字路になり、左折すると**峯《みね》神社**に着く。さらに谷に沿って進むと橋があり、ここが**登山口**だ。標識もあり迷うことはない。しばらく谷沿いに登ったあと、右手の杉林に取り付く。随所に標識や赤テープがある。

杉林を抜けるとウバメガシの林になり、石垣を積んだ跡も残り、昔ながらの道であることがわかる。岩がごろごろしているので、足もとには注意したい。

傾斜が緩むと峯神社の奥宮と三角点の間に飛び出す。右にひと登りで**明神山**山頂に立つ。眼下に太平洋が広がり、魚釣りやダイビングで名高い牟岐大島《むぎおおしま》が海岸線の彼方に見える。北に目を転ずると、橘湾を囲む工場群が見える。

下山はJR牟岐線阿波福井《あわふくい》駅に下りることにする。石段を下ると、鳥居のある広場に出る。さらに最

■鉄道・バス
往路＝JR牟岐線阿南駅から徳島バス南部小吹河原行きに乗り（一部の便は橘営業所乗換え）、働々下車。
復路＝JR牟岐線阿波福井駅から帰途につく。

■マイカー
国道55号阿南市福井町大西から県道26号（由岐大西線）に入り、椿坂トンネルを抜け、阿南市椿町働々の椿川を渡った地点から右折して市道に入り、峯神社へ。峯神社に車5台程度の駐車スペースがある。また、そのまま県道26号を走り、美波町との境である伊座利峠から右に町道に入ると、山頂直下まで車で入れる。駐車場もある。

■登山適期
登りの時間は短いので、暑い季節でも、山頂付近はさわやかな風が吹い

も西の電波塔まで車道を歩くと、ここから先は山道になるが、「四国のみち」で整備も行き届いている。

休憩所をすぎると急な下りになり、少し山腹を横切っていくと**阿部《あぶ》分岐**。ここで右に道をとる。峠を越え広葉樹林の中を下ると車道に出る。**船頭《せんどう》ヶ谷《たに》の県道**を西に進み、**「四国のみち」の標柱**にしたがって右上へ続く山道に入り、峠を越えて**阿波福井《あわふくい》駅**を目指す。（西岡恵子）

CHECK POINT

1 起点の働々バス停。橋を渡って峯神社へ向かう

2 りっぱな社殿の峯神社。駐車もできる

3 明神山頂上。1等三角点の展望はさえぎるものがない

4 途中にあるあずまや。ここも展望がすばらしい

5 船頭ヶ谷の県道との合流点。しばらく舗装道を歩く

6 県道から再び山道へ。峠を越えて阿波福井駅へ向かう

ていることが多く、暑さを吹き飛ばしてくれる。展望の山なので、空気が澄んだ秋、冬がベスト。

■アドバイス

▽バスの便が非常に少なく、場合によっては逆コースあるいはJR阿波福井駅からの往復コースとしてもよい。

▽マイカーの場合は、船頭ヶ谷から県道200号を右に行くと、約3キロで峯神社に戻れるので、周回コースとすることもできる。

▽マイカーで時間があれば四国最東端の蒲生田岬にも立ち寄るとよい。また、岬へ行く途中に市営かもだ岬温泉があり、下山後はぜひ汗を流したい。

蒲生田岬のモニュメント

■問合せ先

阿南市役所☎0884・22・1111、徳島バス南部☎0884・62・0006、阿南タクシー☎0884・22・2717、橘タクシー☎0884・22・0253、かもだ岬温泉☎0884・21・3030

■2万5000分ノ1地形図

阿部・阿波由岐

39

五剣山・鬼ヶ岩屋

牟岐の名峰・五剣山から巨岩とヒヒ伝説の鬼ヶ岩屋縦走

日帰り

歩行時間＝5時間50分
歩行距離＝6・9km

ごけんざん 639m
おにがいわや 450m

技術度
体力度

コース定数＝**22**	
標高差＝559m	
累積標高差	915m / 913m

喜来から望む5つの峰をもった五剣山全景。地元で古くから親しまれた郷土の山だ

五剣山は5つの峰をもち、太平洋に面してそびえている。一方、鬼ヶ岩屋は「鬼」ではなく、「ヒヒ猿伝説」の大岩があることで知られている。それぞれに見どころの多い縦走歩きができるので、両山を結んで、喜来《きらい》からふどのへのルートを歩いてみよう。

徳島から国道55号を南下し、日和佐《ひわさ》トンネルを抜けて「辺《へ》川《がわ》駅」を示す矢印がある道標を見て右折する。喜来《きらい》川の橋を渡り、二又の道を右に行くと、150メートルほど先の民家の木のそばに「五剣山」の看板がある。ここが**喜来登山口**で、右の道を下って橋を渡り、空地に車を置く。

歩きはじめは林道を行き、ほどなく山道になる。左側に五剣山の標識がある地点だ。雑木が茂る道を登っていくとシイの大木があり、しばらくで左側に炭焼窯跡を見る。石の多い道を進み、**沢を右に渡って**急坂を登ると大岩に出合う。

ひと休み後、しばらく登ると稜線に出る。ここで**辺川からの道に出合う**。左に稜線を登ると峠からの**縦走路との分岐**に着く。さらに尾根上の3つのピークを越えると三角点のある**五剣山**山頂だ。南から東の展望がよく、牟岐《むぎ》の街並みと太平洋が一望できる。

山頂からはいったん**分岐**まで戻り、縦走路に入る。尾根をはずさないように下り、大岩の横を通過。

■鉄道・バス
往路＝JR牟岐線辺川駅が最寄り駅。喜来登山口までは約1・7キロ、徒歩30分。
復路＝鬼ヶ岩屋温泉跡からタクシーを利用して辺川駅へ。

■マイカー
徳島から日和佐を経て辺川駅の標識で右折、喜来川沿いを1・6キロ遡ると登山口。2台目を温泉跡の駐車場に置いておけば便利。

■登山適期
季節を問わず登ることができるが、夏は低山なので不快。秋から冬に縦走を楽しむのもよい。

■アドバイス
▽下山はチョウシノタオまで引き返し、ここから南へ広めの山道を温泉跡まで下る楽なコースもある。
▽近くに喜来の滝、とどろの滝がある。
▽温泉跡のトイレは使用できる。
▽車なら帰路に日和佐のホテル白い燈台で汗を流すとよい。

■問合せ先
牟岐町役場☎0884・72・1111、海部タクシー☎0884・72・2665、牟岐タクシー☎0884・72・1133、海南タクシー☎0884・77・1144、ホテル白い燈台☎0884・77・1170

■2万5000分ノ1地形図
山河内

CHECK POINT

最後の民家の手前、林道が右に曲がるカーブにある登山口

五剣山山頂、喜来登山口、縦走路を分ける分岐

五剣山山頂。眼下に牟岐の街並みや出羽島、大島が見える

チョウシノタオのお堂。峠道を少し北側に下った地点

鬼ヶ岩屋山頂。西方に五剣山と胴切山が見える

下山口の鬼ヶ岩屋温泉跡。駐車場とトイレは利用できる

なおも下ると峠の**チョウシノタオ**に着く。少し下ったところにお堂があり、大越《おおごし》からの林道も見える。

「ヒヒ猿伝説」の大岩が鎮座する鬼ヶ岩屋山頂

峠の南側に標識があり、鬼ヶ岩屋へはここから取り付く。最初はロープもある少しきつい登りだが、息をはずませて登ると巨大な岩が現れる。大岩の手前を北側に巻いて東側に出て、岩にかかるハシゴを登ると**鬼ヶ岩屋**の頂上に立つ。南に室戸《むろと》方面と太平洋、西に五剣山から胴切山《どうきりやま》に連なる山並みが一望できる。

下山は岩屋の南側から急斜面をロープを伝ってジグザグに下る。途中、壁岩《かべいわ》、みこ岩、**せり割岩《わりいわ》**、鬼のまな板などとよばれる巨岩がある。谷に沿ってまっすぐ下れば橘《たちばな》川にかかる**橋に出合う**。道路を右に行けば、**鬼ヶ岩屋温泉跡**に着く。（笠井好博）

40

峡谷の紅葉と石灰岩が魅力の山

石立山

いしだてやま
1708m

歩行時間＝6時間30分
歩行距離＝7・0km

日帰り

技術度
体力度

コース定数＝26

標高差＝1046m

累積標高差 ↗1110m ↘1110m

↑木頭大橋から望む石立山。爽快なスカイラインが登山者をよぶ

←紅葉最盛期の高ノ瀬峡。深いV字谷の両側を錦に彩り美しい裾模様をなす

紅葉で有名な徳島県側の高ノ瀬《こうせ》峡と高知県側の別府《べふ》峡にはさまれて、県境に大きな山体を横たえ、独特の景観を見せるのが石立山だ。標高差1000メートルのハードなコースだが、登りきると充実感と達成感はひとしおである。徳島・高知県境の国道195号四ツ足峠トンネル東詰めからのコースを紹介しよう

四ツ足峠トンネル入口の東200メートルに**石立山登山口**の標識がある。向かいのコンクリート階段が取付だ。柚子畑を抜けて、トンネル入口からのびてきた道路の終点に出る。ここにも車2、3台ほどの駐車スペースがある。再度山道に取り付くと、すぐに四《よ》ツ足《あし》峠への道を左に分け、荒れた段々畑の横を進み、廃屋の横から杉の植林に入る。右に沢音を聴きながら深い杉木立の中を行く。

しばらく行くと**沢を渡る**。ここでひと息入れよう。道中唯一の水場である。さらに薄暗い植林が続き、やがてミツマタの繁茂する皆伐地に出る。空が開けて明るいが、ザレ場に要注意だ。再び杉植林に入り、急坂を登ると標識のある**鞍部**になる。

ここから県境に向かう尾根を西にたどる。自然林に囲まれた尾根をしばらく行くと、石灰岩のやせ尾根になり、歩きにくい。浮き石も多いので、落石、転倒、滑落に気をつけよう。赤錆びたトタンの**避難小屋**をすぎると林が薄くな

■**鉄道・バス**
往路　復路＝那賀町吉野の川口（川口までは124ページ参照）から徳島バス南部の和無田行きで出原下車。タクシーに乗換えて日和田の登山口へ。バスは便数少なく日帰りは困難。

■**マイカー**
国道55号阿南市橘町で国道195号に入り、那賀町方面へ。那賀町から高知県に抜ける四ツ足峠トンネルの東の道端に5～6台駐車できる。トンネル脇から登山道方面にのびた車道の終点にも2～3台駐車できる。

■**登山適期**
新緑から花の多い5、6月と紅葉の10、11月がよい。イシダテクサタチバナは6、7月に咲く。高ノ瀬峡の紅葉は11月上旬が最盛期。

■**アドバイス**
▽水場は1箇所しかなく、長丁場なので、水は充分準備しておくこと。
▽ザレ場や石灰岩のやせ尾根の通過には特に気をつけよう。
▽避難小屋は荒れていて使用不可。
▽高ノ瀬峡は「日本紅葉の名所百選」のひとつで、10月下旬～11月中旬に紅葉の見ごろとなる。
▽四ツ足峠トンネルを高知県側に抜けたところにべふ峡温泉があり、那賀町側にもみじ川温泉がある。

■**問合せ先**
那賀町役場木頭支所☎0884・68・2311、徳島バス南部本社☎

CHECK POINT

1

国道脇のコンクリート階段から登山道に取り付く

2

暗い杉林を抜けて自然林に囲まれた明るい鞍部へ

3

石灰岩のやせ尾根。落石、転倒、転落、滑落に気をつけよう

4

ササがなくなった草原状の山頂。シカの食害が痛々しい

5

山頂西の石灰岩の絶壁、捨身ヶ嶽。はるか下に高ノ瀬峡を望む

り、県境上の尾根に合流する。

北西に向かう県境尾根を行くと立ち枯れの木や倒木が目立ってくる。近年のシカによる食害でササやダケカンバが被害に遭い、無惨な光景になっている。

それでも5月中・下旬には、赤紫のミツバツツジやシロヤシオが迎えてくれる。

食害により疎林となった県境尾根をあとひと息登り、傾斜が緩やかになると**石立山**頂上に到着する。以前は一面腰高のササ原だったが、シカの食害により、今や低い草原となって頂上北側のダケカンバ林はほとんど枯れ木か倒木になり果てている。そのせいで北側の展望がよくなって、丸石山《まるいしやま》、次《じ》郎笈《ろうぎゅう》、剣山《つるぎさん》などが望める。南には行者山《ぎょうじゃやま》、赤城尾山《あかぎおやま》、湯桶丸《ゆとうまる》など、南西には高知の山々など、四囲の展望がすばらしい。

頂上から県境を西に行くと、高知の別府《べふ》峡からの道と合流し、その少し先で山名の由来となった石灰岩の岩山が空中に屹立する。**捨《しゃ》身《しん》ヶ嶽《たけ》**という。足もとに気をつけて岩頭に立てば、向かいに剣山《つるぎさん》系の大パノラマ、はるか1000《メートル》下には高ノ瀬峡のV字谷を俯瞰する。秋の高ノ瀬峡は赤や黄色で石立山の裾模様を描き、多くの登山者や観光客を魅了する。

下山は往路を戻る。（天野和幸）

0884・62・0006、木頭観光タクシー☎0884・68・2488、もみじ川温泉☎0884・62・1171、べふ峡温泉（2024年現在休業中）☎0887・58・4181

■2万5000図ノ1地形図
北川

41

天然林の森に彩られた那賀川最奥の山

湯桶丸

ゆとうまる
1372m

日帰り

歩行時間＝3時間
歩行距離＝4・4km

技術度
体力度

コース定数＝**13**

標高差＝448m

累積標高差 635m 635m

林道湯桶平井線から望むどっしりとした湯桶丸

湯桶丸は那賀《なか》川最上流部の那賀町木頭《きとう》と海部《かいふ》郡海陽《かいよう》町の稜線上に位置し、徳島県内でも最奥に位置する山である。「湯桶丸」の名の由来は、湯桶谷からどっしりと立ち上がる山の形が湯桶に似ているからといわれている。山麓から中腹にかけて、杉の人工林が広がる一方で、標高1100㍍から上部は、モミ、ツガ、ヒメシャラの天然林の群落がみごとで、この山の魅力のひとつとなっている。

国道195号から那賀町木頭《きとう》で南川《みながわ》林道に入り、次いで湯桶平井《ひらい》林道を走り、標高1000㍍付近の上の登山口へ。登山口には大きな標識があるのでわかりやすい。ただし、現在はこの登山口から約500㍍手前で山腹崩壊があり、車はその手前の**駐車場**に置き、林道を**上の登山口**まで歩くことになる。

登りはじめは杉や桧の人工林の中の急登が続く。それも1100㍍地点までで、小さな稜線に出てからは主にクマザサの中の登りとなる。さらに登りはじめて50分ほどでヒメシャラやツガの原生林が目立つようになり、**展望の開けた場所**に出る。ここでは一《いち》ノ森《もり》から剣山《つるぎさん》、次郎笈《じろうぎゅう》を経て石立山《いしだてやま》にいたる稜線がすばらしい。

眺望を楽しんだら、さらに天然林の中を登ると、ときおりツガの大木が現れ、目を楽しませてくれる。30分ほどで主稜線の歩道と**合流**する。

■鉄道・バス

往路・復路＝徳島駅から徳島バス・徳島バス南部（橘営業所乗換え）で那賀町古野の川口バス停へ。木頭地区和無田行きの徳島バス南部に乗換えて出原バス停で下車。ここから登山口までの林道は公共交通機関がないので、タクシーを予約しよう。ただし公共バスは便数が少ないので日帰りは困難。

■マイカー

国道55号阿南市橘町で国道195号に入り、西の那賀町方面に向かう。那賀町役場木頭支所をすぎ、しばらく走ると木頭折宇で「CAMP PARK KITO」を示す看板があり、その方向に左折。あとは南川林道を経て湯桶平井林道に入り、下の登山口をすぎて約1㌔進んだところで土砂崩れによる通行止めとなっており、少し戻って林道脇に駐車する。土砂崩れを越えて林道を15分ほど歩くと上の登山口に到着するが、崩壊地の通過は危険度が高い。

■登山適期

新緑から花の多い5～7月と紅葉シーズンの10、11月がよい。特に11月初旬の紅葉は美しい。冬場は積雪が深く、道路の凍結や落石も多いので避けた方がよい。

■アドバイス

▽アプローチとなる湯桶平井林道は、斜面崩壊のため通行止めになっ

CHECK POINT

林道湯桶平井線は入口より約3.5キロ地点で崩落により通行止めとなっている

上の登山口にはコース図看板が設置されている

湯桶丸山頂。樹林に囲まれて展望は南方面に少しだけ

下の登山口へのルートの1185メートル地点には、りっぱな道標が設置されている

下の登山口付近にはガレ場があり通行には要注意

サブコース
下の登山口へ

湯桶丸頂上から10分戻った**合流点**に下の登山口を示す標識があるので、ここを下る。最初は急な下りだが、やがて傾斜が緩やかになり、40分ほどで標高1185メートル地点の平坦な**分岐**に出る。ここにはツガとヒメシャラのみごとな大木が自生する。左に道を行き、杉の人工林の中の急な尾根を下ると、約30分ほどで**下の登山口**に着く。尾根上から下の登山口に下る斜面は急なガレ場のため、足場には充分な注意を要する。

ここからは、気持ちのよい天然林の中の歩道を歩けば**湯桶丸**山頂に到着する。残念ながら展望は期待できない。

下山は往路を戻る。約1時間で**上の登山口**に下山できる。

（片山博之）

ている時が多い。事前に那賀町役場木頭支所などに問い合せるなど状況確認をしよう。

▽水場はコース上にないので、充分準備しておくこと。

▽下の登山口からの登山は、不安定なザレ場を通過して尾根に取り付くので、通過時は特に気をつけよう。標識なども少ないので、地図、コンパス、GPSなどで位置確認を充分に行うこと。

▽コース上に避難小屋はないので事前の気象情報は念入りにチェックしよう。

■問合せ先

那賀町役場木頭支所☎0884・68・2311、徳島バス南部☎0884・62・0006、木頭観光タクシー☎0884・68・2488、もみじ川温泉☎0884・62・1171

■2万5000分ノ1地形図

湯桶丸

42

太平洋の展望とヤッコソウの山

鈴ヶ峰

すずがみね
395m

歩行時間＝1時間25分
歩行距離＝2.3km

日帰り

技術度

体力度

コース定数＝7

標高差＝295m

累積標高差 ↗344m ↘344m

宍喰漁港から見る鈴ヶ峰

山頂から那佐湾方面を望む

登山口から約30分で「ヤッコウソウ」の説明板あり

徳島県の最南端、海陽《かいよう》町宍喰《ししくい》は、サーフィンの大会が開催される海洋レジャーの町として人気がある。海岸線から尾根が派生し、すばらしい景観を見せてくれる。鈴ヶ峰は、標高は低いが、太平洋と宍喰の街並みがよく見える。「四国のみち」として整備された登山道が山頂までのびていて、四季を通じてハイキングが楽しめる。道の端には石地蔵尊がところどころに祀られており、ベンチも設置されている。登山口から中腹にかけては杉や桧の植林の中を登るが、

■鉄道・バス
往路・復路＝阿佐海岸鉄道宍喰駅が最寄り駅。登山口までは徒歩30分。

■マイカー
国道55号を室戸方面（高知県）へ走り、宍喰で県道301号に入れば登山口まではすぐ。徳島市内から約88キロ。

■登山適期
県南に位置しているため、1年中楽しめる。ヤッコソウの花期は11月初旬から11月下旬で、例年11月中旬がベスト。

■アドバイス
▽下山後、ただちに駅へ向かわず、宍喰漁港近くにある天然記念物の化石漣痕を見学してもよい。高さ約30メートル、幅約20メートルにわたるみごとなさざなみの化石であり、形成は約2億年前。一見の価値はある。
▽下山後の入浴はホテルリビエラししくい（☎0884・76・3300）があり、食事もできる。
▽竹ヶ島港からは、海中観光船ブルーマリンに乗れば、水床湾をゆっくりめぐりながら、海中のシコロサンゴやハナヤサイサンゴ、その間を群れ泳ぐビングジやスズメダイなどの美しい姿が楽しめる。

■問合せ先
海陽町宍喰庁舎☎0884・76・3111、阿佐海岸鉄道☎0884・76・3701、海陽町観光協会☎0

標高３００メートルを超えると葉樹林も残っており、シイの木の根元には、天然記念物のヤッコソウを見ることができる。

　国道55号を海陽町宍喰に入ってすぐ、久尾《くお》方面の標識を右折、阿佐海岸鉄道阿佐《あさ》東線の高架をくぐる。しばらく進むと左に派出所があり、ここを右折。最初の角を左折して直進すると、ヤッコソウ発生地の解説板のある林道を終点まで進む。ここが**登山口**で、車6台くらいの駐車スペースがある。

　四国のみちの案内にしたがって登山道を行くと、約30分で石仏のある**展望台**に着き、ヤッコソウの解説板が見えてくる。ヤッコソウはシイの木の根に寄生するヤッコソウ科の一年生の寄生植物で、鈴ヶ峰が北限にあたるらしく、国内では高知と鹿児島で見ることができる珍しい植物だ。ちなみに、命名は牧野富太郎博士という。10月から11月にかけてが見ごろだが、小さいので注意して探さないと見逃してしまうかもしれない。

　さらに登ると、やがて石垣が残る圓通寺《えんつうじ》跡に着く。「四国のみち」の標識があり、右に登る石段を進むと、ひと踏ん張りで尾根に出る。右（東）に進むと3等三角点が見えてくる。ここが**鈴ヶ峰**の山頂だ。柵があり、よく整備されていて、南東側に展望が開けている。眼下に広がる太平洋を充分に堪能しよう。

　下山は往路を戻る。（割石一志）

884・76・3050、道の駅「宍喰温泉」☎0884・76・3442
■2万5000分ノ1地形図
甲浦

CHECK POINT

1 林道終点「四国のみち」道標。この入口に駐車スペースあり

2 登山道の右手にある石段を登り、尾根を目指す

3 尾根に出て東へ進んでいくと山頂に到着する

4 山頂から宍喰の市街地と竹ヶ島を俯瞰する

徳島勤労者山岳連盟が主催する「やまなみウォークラリー」風景

●著者紹介

徳島県勤労者山岳連盟

1976 年発足。加盟団体には徳島市勤労者山の会、阿波あすなろ山の会、健生労山グループ、徳島山岳同人倶楽部、徳島山と友の会、小松島ハイキングクラブ、徳島ハイキングクラブの７団体があり、会員総数は約 240 名。

1977 年から継続している「剣山クリーンハイク」は、山からゴミをなくす運動として定着し、最近では新たな課題である「シカ食害対策」にも取り組んでいる。また、野生生物の宝庫であり、登山対象としても貴重な、天神丸一帯に計画されている風力発電所計画阻止に向けて県内山岳団体および県内自然保護団体とも連携して活動している。

教育・遭難対策分野では、遭難防止のための技術・知識向上を目指し、県民登山教室、読図登山教室、冬山登山教室等を毎年開催している。

冬山、沢登り、岩登り等を含め、四国島内を中心に幅広い登山を行っており、1990 年にアイランドピーク、1994 年にパルチャモに登山隊を送っている。

本書の執筆者

徳島市勤労者山の会＝早田健治・暮石 洋・吉原美和・佐藤 豪・片山博之・谷口安孝・渡辺哲郎
阿波あすなろ山の会＝天野和幸・西條忠雄・内藤克明・内田忠宏
健生労山グループ＝割石一志
徳島山と友の会＝丸岡 隆・河野 順・板谷 章・加地幹夫・岸上 務・宮本 晴・杉原宏重・中野裕司
小松島ハイキングクラブ＝椎葉勝人・仁木敏之・中矢 弘・富永邦雄・西岡恵子
徳島ハイキングクラブ＝平尾真麻・勝浦忠孝・笠井好博・稲見慎一

写真提供

佐賀康男（徳島山と友の会）・平井 滋（ファガスの森・高城）

分県登山ガイド35

徳島県の山

2018年 7 月30日 初版第1刷発行
2025年 4 月15日 初版第2刷発行

著　者 —— 徳島県勤労者山岳連盟
発行人 —— 川﨑深雪
発行所 —— 株式会社 山と溪谷社
〒101-0051
東京都千代田区神田神保町 1 丁目 105 番地
https://www.yamakei.co.jp/

■乱丁・落丁、及び内容に関するお問合せ先
山と溪谷社自動応答サービス　TEL03-6744-1900
受付時間／ 11:00 ～ 16:00（土日、祝日を除く）
メールもご利用ください。
【乱丁・落丁】service@yamakei.co.jp
【内容】info@yamakei.co.jp

■書店・取次様からのご注文先
山と溪谷社受注センター
TEL048-458-3455　FAX048-421-0513

■書店・取次様からのご注文以外のお問合せ先
eigyo@yamakei.co.jp

印刷所 —— 大日本印刷株式会社
製本所 —— 株式会社明光社

ISBN978-4-635-02065-7

●乱丁、落丁などの不良品は送料小社負担でお取り替えいたします。
●定価はカバーに表示してあります。

●編集
WALK CORPORATION
皆方久美子
吉田祐介
●ブック・カバーデザイン
I.D.G.
● DTP
WALK DTP Systems
水谷イタル　三好啓子
株式会社 千秋社
● MAP
株式会社 千秋社

■本書に掲載した地図は、国土地理院長の承認を得て、同院発行の数値地図（国土基本情報）電子国土基本図（地図情報）、数値地図（国土基本情報）電子国土基本図（地名情報）、数値地図（国土基本情報）基盤地図情報（数値標高モデル）及び数値地図（国土基本情報 20 万）を使用したものです。（承認番号 平 30 情使、第 278 号）
■各紹介コースの「コース定数」および「体力度のランク」については、鹿屋体育大学教授・山本正嘉さんの指導とアドバイスに基づいて算出したものです。
■本書に掲載した歩行距離、累積標高差の計算には、DAN 杉本さん作製の「カシミール3D」を利用させていただきました。